女孩正面管教

花汀姐姐 ◎ 著

girls

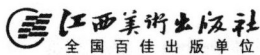

图书在版编目（CIP）数据

女孩正面管教 / 花汀姐姐著. -- 南昌 : 江西美术出版社, 2020.7
ISBN 978-7-5480-7428-1

Ⅰ. ①女… Ⅱ. ①花… Ⅲ. ①女性—青春期—家庭教育 Ⅳ. ①G782

中国版本图书馆 CIP 数据核字（2020）第 027152 号

出 品 人：周建森
企　　划：北京江美长风文化传播有限公司
策　　划：北京春风化雨文化有限公司
责任编辑：楚天顺　李晓璐
版式设计：孙雨芹
责任印制：谭　勋

女孩正面管教
NÜHAI ZHENGMIAN GUANJIAO

作　　者：花汀姐姐

出　　版：江西美术出版社
地　　址：江西省南昌市子安路 66 号
网　　址：www.jxfinearts.com
电子信箱：jxms163@163.com
电　　话：0791-86566274　　010-82093808
邮　　编：330025
经　　销：全国新华书店
印　　刷：北京柯蓝博泰印刷有限公司
版　　次：2020 年 7 月第 1 版
印　　次：2020 年 7 月第 1 次印刷
开　　本：880mm × 1230mm　1/32
印　　张：9.5
ISBN 978-7-5480-7428-1
定　　价：39.80 元

本书由江西美术出版社出版。未经出版者书面许可，不得以任何方式抄袭、复制或录本书的任何部分。
　　版权所有，侵权必究
　　本书法律顾问：江西豫章律师事务所　晏辉律师

引 言

女儿是妈妈的贴心小棉袄,看着女儿逐渐长大,从孩子成为一个优秀的女人,是每个家庭最幸福的事情。

那个被自己抱在怀里悉心呵护着的小婴儿,转眼间就成了用娇软语调朝着自己撒娇的女童。再过几年,就从操心她的生活变成了担忧她的学习。进入青春期后,问题就变得格外多了起来。

女儿在学校过得怎么样?为什么有了心事不愿意和父母分享?明明是一番苦心为了孩子好,女儿怎么就是不领情?她和什么朋友在一起,会不会学坏?这种种问题,都成了家庭烦恼的根源。

在阿尔弗雷德·阿德勒和鲁道夫·德雷克斯的思想基础上,由简·尼尔森博士创始的"正面管教"理论,在运用到家庭和学校的教育中时,取得了无数次的成功。

因为性别带来的差异,管教女孩和管教男孩有着根本性的不同。在女孩成长的每个关键阶段,父母都会遭遇不同程度的教育难题,而这些难题,无法寻找到一个标准答案。

那么,该怎样做,才能帮助女孩顺利成长呢?只要掌握了"正面管教"的方法,在遇到实际困难时,我们自然就有了答案。

本书关注女孩在成长过程中遇到的实际问题,灵活运用"正面管教"理论,针对在教育中发生的真实案例进行深入浅出地剖析讲解,为广大家长朋友们提供切实可行的解决方案。

目录
contents

第一章 什么是正面管教？

认识自己，丑小鸭也能变白天鹅／003

不要谈"性"色变／010

富养女孩，你应该这样做／016

妈妈，你替我做吧／025

独立，女孩一生的财富／033

女孩必须学会保护自己／041

第二章　正面管教的态度：温和、坚定

内向不合群怎么办？／049

你不争气，全家人一起喝西北风／055

把选择的权利交回孩子手中／063

孩子玩手机上瘾，这样做不行／070

尊重，不是无底线地纵容／078

孩子，你不笨／086

第三章　与时俱进，做学习型父母

改掉"我们是为你好"的口头禅／095

孩子犯错，该这样处理／104

向孩子学习优点，共同成长／112

让孩子告别玻璃屋／119

说了，你们也不懂／127

面对校园霸凌，应该这样做／134

第四章　管理好情绪，让孩子拥抱好心态

冷静，帮助我们渡过情绪难关 / 143

克制：尊重孩子的隐私权 / 150

为什么我不受同学们欢迎 / 157

战胜沮丧，从改变开始 / 165

怕黑，并不丢人 / 173

管理情绪，并非拒绝孩子的情绪 / 180

第五章　要合作不要对抗，实现共赢

用正面管教解决叛逆期三大矛盾 / 189

女孩爱漂亮，能不能化妆？ / 198

追着孩子喂饭不可取 / 205

解决孩子写作业拖拉还顶嘴的问题 / 213

家是港湾，不是战场 / 220

第六章　正面管教，让孩子成为受欢迎的人

爱翻抽屉的小女孩 / 229

我拿你当朋友,你却不相信我 / 236

面对女儿的虚荣心,要正面引导 / 245

我就是不喜欢这位老师 / 252

教孩子学会拒绝 / 259

第七章　做善于学习的女孩

行动起来,拒绝三分钟热度 / 269

行万里路,不是为了成为邮差 / 276

崇拜偶像,是为了成就更好的自己 / 283

学会时间管理,轻松面对学习、生活 / 289

第一章

什么是正面管教?

  到了今天，相信家长朋友们对"正面管教"理论已不陌生。

  那么，什么是正面管教？正面管教在教育上的作用是什么？家长们又该怎样将正面管教工具运用到日常教育中去呢？读完本章，你就会找到答案。

认识自己，丑小鸭也能变白天鹅

赵妈妈最近十分苦恼，一直愁眉不展。女儿彤彤上初二了，原先活泼开朗的她，现在不但话越来越少，连走路都含胸驼背，说了多少次也不起作用。

"妈妈，我回来了。"彤彤进了门，跟赵妈妈打了个招呼，还没等她反应过来，彤彤就钻进房间里写起了作业。

吃完晚饭，赵妈妈提议："我们出去走走吧，很久没去散步了。"彤彤迟疑了一会儿摇头，拒绝了这个提议："不了，我还是在家多刷两套题吧。"赵妈妈想要再说些什么，但最终尊重了女儿的选择。

这种情况，已经持续了好几个月，赵妈妈心里十分担心。女儿明明应该是最阳光的年纪,脸上反倒不见了笑容,连跟同学的交往都少了起来,放了学就窝在家里。

妈妈的担心,彤彤心知肚明,面对妈妈关爱的眼神,她只好选择逃避。

上了初中,身边的同学好像每一天都在发生变化。一个暑假不见,好朋友娜娜长高了好多,加上她皮肤白,走到哪里都是焦点。隔壁班有个女生,声音变得十分清甜,被选为学校里的广播员。

反观自己,该长个子不长,不该长的地方却使劲长。五官长相,属于扔到人群里就认不出的那种。就连学习成绩,也一贯地保持在中间不上不下。

女大十八变,彤彤觉得别人都变成了白天鹅,只有自己越变越丑,是一只彻彻底底的丑小鸭,这让她感到深深的自卑,她觉得自己样样都不如人。

有了这样的想法,彤彤总觉得别人在对着她指指点点,越来越不自信,甚至除了上学连家门都不想踏出一步。

面对变得不自信的彤彤,该怎么办?

赵妈妈十分疼爱孩子,见到彤彤越来越忧郁,便尝试着找原因。他们家庭十分和睦,夫妻恩爱,又只有彤彤一个女儿,从小就注重对她的行为习惯、人品的培养。女儿在学校的人缘不错,成绩在中游,自己也没有给她太大的学习压力。

所以，问题到底出在了哪里？

赵妈妈尝试和彤彤谈话，但彤彤总是扭扭捏捏地逃避这个话题。看来，在女儿这里是得不到答案了，赵妈妈只好另外想办法。

她找到彤彤的班主任老师、任课老师了解情况，又找到彤彤的好朋友娜娜询问，终于找到了女儿的心结。

赵妈妈的做法，十分具有借鉴意义。她虽然不是从事教育行业，更并非心理专家，但她凭借着一颗爱孩子的心，找到了正确的办法。

让我们看一下她的做法，从中学习经验：

第一步：细心观察，关注孩子身心变化

上了初中之后，孩子进入了青春期，开始飞速成长着。在这个阶段，家长要格外关注自己孩子身上发生的变化。对一个女孩的妈妈而言，这是比关注孩子成绩更重要的事情。

赵妈妈就十分了解自己的孩子，敏锐地察觉了女儿身上发生的变化，并尝试着通过谈心来解决问题。

第二步：分析原因，找到现象背后的症结

女儿不愿意倾诉，赵妈妈就寻求外部帮助，通过老师、朋友这些和女儿接触频繁的人，来寻找原因。只有找到了女儿变成这样的原因，她才知道自己该怎样帮助彤彤。

当家长朋友们遇到类似的问题时，可以借鉴赵妈妈的做法。不要着急，不要逼迫孩子，而是给孩子时间也给自己缓冲的时间。当找到了问题所在，才能有的放矢，让问题迎刃而解。

第三步：解决问题，你不是丑小鸭

一个周末，赵妈妈对彤彤说："彤彤，我们今天出去买几件衣服。你看你都初二了，是大姑娘了。"

彤彤想了想，低声回答："我还是不去了，家里的衣服够穿。"

"我们去个新开的商场，听说那边比较远，去的人很少。"在赵妈妈的努力下，彤彤总算答应了跟妈妈出门。

到了商场，彤彤总是低着头走路。妈妈先带她去了发型屋，发型师给她设计了一个新的适合她的发型。去掉了厚重的刘海，整个人看起来都清爽不少。发型师赞叹道："这个小姑娘长得真可爱。"彤彤害羞地低下了头，心底开心了不少。

妈妈又带着彤彤去了一家内衣店，店员告诉彤彤："你现在正在发育，需要挑一件适合自己的漂亮的文胸。"妈妈悄悄鼓励彤彤："乳房的发育是成熟的标志，代表你长大了。这是每个女孩的必经阶段，并不可耻。"

离开了内衣店，母女两人又花了一小时，给彤彤从头到尾换了一身衣服。妈妈教她站直，将肩膀打开，挺胸收腹,妈妈说:"彤彤你看,你多好看。十多岁的女孩,正是这个样子。"

彤彤看着镜子里的自己,不敢相信自己的眼睛。这个青春少女,真的是自己吗?

"是你。"妈妈肯定地冲她点点头,笑着说,"我的女儿青春活泼,还能写得一手好字,刚刚才拿了书法比赛的一等奖。在妈妈的心里,你永远是最优秀的女孩。"

妈妈说的都是事实,彤彤开心地笑了起来,镜子里的她笑容灿烂,比阳光还要明媚。在妈妈的帮助下,她重新认识了自己,她不再是丑小鸭,重新寻回了自信。

女孩在青春期里,有时表现得不像男孩那样叛逆,但同样应该引起重视。

彤彤是一个偏内向的孩子,把事情都憋在心里不愿表达。然而,随着年龄的增长,第二性征的发育,她的心理发生了变化,看见优秀的同学,就更加自卑。这种情绪,如果不及时加以疏导,很可能会陪伴孩子一生,让孩子长大后都很难树立起自信心。

她幸运的是,有一个对她关心备至,又善于解决问题的妈妈。

当我们遇到同样的问题时,应该怎么做呢?

方法一:引导孩子,正确面对自己的身体变化

在这个阶段,妈妈扮演的角色尤为重要。妈妈应该提前和女儿沟通,教女儿做好心理准备。妈妈要告诉女儿,第一次来生理期,乳房的发育,都是身体成长的重要标志,是长大成人的必经之路。有些人早一些,有些人晚一些,这是最正常的自然规律,不可耻,更不要因此而感到自卑。

方法二:教育孩子,教会她认可自己的优点

青春期的孩子陷入自己的情绪之中后,一叶障目,看不见自己的优点,形成否定自我的心态,容易掉入悲观自卑的陷阱中。

在这个时候,家长朋友们一定要及时鼓励孩子,教她们发现自己身上的闪光点。没有十全十美的人,同样,每个人身上都有别人不可替代的优点。

正确地认识自己的优点,改掉缺点,让自己成为内心世界丰富的人,不妄自菲薄。只有当孩子真正认可了自己,才能拥有真正的自信。

方法三:告诉孩子,阳光自信的女孩最美丽

相貌由基因决定,是外在因素,外表出众是毫无疑问的优点,但大多数人都相貌平平。而每一个女孩,在外貌和性格上,都拥有自己的优点,有的可爱、有的活泼、有的漂亮、有的声音甜美、有的懂得为别人着想……

认可自己的优点,成为阳光自信的女孩,就拥有了不一样的能量。

当你足够阳光时，你就拥有了吸引人的特质，别人就会认可你，向你靠近。当你足够自信时，你的生命就是飞扬的，就能展现出青春的独特美丽。而这份美丽，随着年龄的增长，会被时光沉淀、发酵成你自己独有的魅力。

不要谈"性"色变

当孩子进入青春期之后,随着第二性征的发育,她们会发现自己身上的变化,对性朦胧地开始好奇。在这个时候,她们需要明确的指导,家长要告诉她们性并不可耻,也不可怕,是女孩成熟的标志,是人类最正常的生理构造,也是将来婚后生育子女的必备条件。

但是,在几千年来的儒家传统教育熏陶下,我们羞于谈性,耻于开口,从本能上去回避这件事情。对比起西方国家,我们的性教育还处在非常初级的阶段。在对孩子的教育上,长期缺失了性教育这项重要内容,导致许多青少年处于危险境地。

刚刚上初中的林美是一个青春靓丽的姑娘,她皮肤白皙身材修长,懂礼貌的她走到哪里都是受欢迎的女孩。但是有一天,她却哭着回了家,眼泪止不住地往下掉,吓得林妈妈慌了手脚。

"美美,你怎么了?"林妈妈忙将她抱在怀里轻声安抚着,同时打量着女儿有没有受伤。哭了好一会儿,林美才停止了哭泣,面对妈妈的耐心询问,她终于说出了事情的经过。

原来,在今天放学的时候,她的裙子上染了一块血迹,但她自己并没有发现。在回家的路上,有几个外校的高年级男生一直跟在她后面,对着她指指点点,大声议论着。林美不知道是怎么回事,只好加快脚步赶紧回家。

后来在小区门口遇见了罗阿姨,罗阿姨发现她裙子上的污渍,悄悄告诉了她,并脱下外套给她围在腰上,林美这才知道原因。

想起之前发生的一切,她觉得十分丢脸,回到家后,她才放声大哭宣泄出来。

林妈妈替女儿擦干眼泪,拿出一条干净的裙子替她换上,教她正确使用卫生巾后说:"女儿快别哭了,这件事你没有什么错,我们一会儿要专门去感谢罗阿姨。"

林美点点头,要不是遇到了罗阿姨,她还不知道怎么办,当然要感谢她。

林妈妈继续说："孩子，妈妈有重要的事情跟你讲。"拉着女儿的手坐下来，林妈妈说："你现在大了，必须告诉你生理知识。这是你第一次来月经，也称为初潮，是身体的第二性征开始发育的标志。妈妈没有提前告诉你，这是我的不对。"

接下来，林妈妈对林美进行了性教育，教她认识自己的身体，了解在青春期发育时乳房、子宫会发生的变化。最后，教她怎样保护自己的身体，远离危险。

在青春期时，身体所产生的巨大变化，会给孩子们带来心理上的剧烈反应。随之而来的，是外界的评价和觊觎。因此，女孩必须要掌握性知识，充分了解自己的身体与危险，才能够保护自己。

在这个特殊的阶段，孩子们的主要心理表现如下：

一、对"性"产生好奇，因为不了解而充满了神秘感

在常规学习和对社会的接触中，孩子很难接受到性教育知识。正因为如此，对自己身上发生的变化就更加好奇，有想要进一步探索的欲望。同时，对异性产生的兴趣、好感等情绪，会让她们产生错误的认知。

随着身体的发育成熟，因为她们不了解性知识，性更具有了浓厚的神秘色彩，性意识会逐渐强烈。

二、性压抑和性冲动

在青春期,孩子的心理不够成熟,尚未构建起属于他们自己的三观,更不可能拥有成熟的恋爱观。

同时,她们容易受到外界的影响,自我控制能力较弱,会在冲动之下做出后悔终生的错事。在这个阶段,父母一定要及时加以疏导,不可过分压抑孩子。

三、心理上的剧烈矛盾

在这个阶段,她们会越来越在意外界对自己的评价。自己在老师、同学的心中是怎样的存在?异性怎么看待自己?她们会想要知道这些问题的答案。

但同时,孩子又会将这样的渴望深埋在心底,表面上对男女之间的亲密表示厌恶,心里却有想要尝试的念头。

这样的矛盾心理,常常会表现在孩子的行为上,让家长产生"不知道女儿在想什么"的想法。

当女儿正值青春期时,父母应该这样做:

一、科普青春期性知识,教导孩子认识自己的身体

性知识,和孩子正在学习的许许多多知识一样,是一项她们需要且必须进行充分掌握的知识。这项知识,指引着她们平稳度过从童年走向成人的必经阶段,保护她们的身体,预防因为一时冲动好奇而做下后悔一生的错事。

在当下的大环境中,妈妈坦然和女儿谈起性知识时,女儿会感到害羞。但只要妈妈做到客观陈述,态度坦荡不遮掩,这场谈话就会变得自然。

二、给孩子设立界限,保证孩子安全

少女是美丽的,也是柔弱的。在很多恶人眼里,青春期的女孩最容易受到诱骗。事实上,我们也常常看到此类社会新闻。每每看见这样的新闻,我们都心情沉重,既痛恨那个无良的禽兽,又痛惜无辜受害的女孩。

作为父母,最好的保护不是让女儿远离社会的黑暗面,而是应该替孩子设立界限,告诉她和异性应当保持的安全距离。不管是陌生人,还是亲朋好友,只要是异性就不能越界,哪怕在家里有时也要与父母保持适当距离,如厕要关门、沐浴后要穿好衣物才能走出浴室。

三、面对孩子性意识的萌芽,父母进行正面引导

做父母的,可能都经历过这样的尴尬:一家人坐在一起看电视,电视上突然出现了男女主角接吻亲密的镜头。这个时候,父母应该怎么做呢?

相信不少父母的第一反应,是捂住孩子的眼睛,或者假装不在意地换台,不让孩子看见这样的场景。

但这样回避的处理方式,反而会引起孩子的注意,让孩子产生好奇心:为什么不能看?当孩子问起时,父母又该怎么解释呢?用转移话题,或者是呵斥的方式搪塞过去,并不能解决问题。

我们可以换个思维方式，主动与孩子进行交流，把握住孩子性启蒙的最佳时机。我们可以告诉孩子：爱情，是人类最美好的情感之一，相爱的男女需要通过身体的接触来表达这种热烈的情感，拥抱、接吻，会使他们感到幸福。家长大大方方，孩子也就不会大惊小怪、扭扭捏捏。

四、性教育应该从小做起

如果你的孩子还十分幼小，那么恭喜你，你可以在这个时候，就教孩子认识自己的身体部位。身体没有对错，区别只在于哪些部位可以在人前袒露，哪些属于自己的隐私。孩子有权利保护自己的隐私，并拒绝其他人的触碰。

当孩子到了四五岁的时候，父母可以通过科学绘本等方式，让他们了解到身体各个部位的正确名称与功能，让孩子知道男孩女孩身体的不同，及自己的身体和父母身体的不同。这些正确的信息，能帮助孩子正确面对自己的身体，为将来的青春期做好知识储备。

父母，是孩子最信赖的人。我们有这个责任和义务对孩子进行性教育，告诉孩子正确的性知识，让他们远离危险，平稳度过青春期。

富养女孩,你应该这样做

不知道从什么时候起,"女孩要富养"这句话就深入人心了,被许多有女儿的家庭奉为准则,从而指导着他们的教育实践行为。

但是,对这句话,我们真正理解透彻了吗?为什么明明都是富养,别人养出的女孩知书达理,自己的女儿却蛮横难以满足?什么才是真正的富养?让我们从下面一个事例中吸取教训、学习经验。

"明天,爸爸要带我去尼泊尔!"莎莎在班上骄傲地宣布。

"哇!"同学们纷纷发出惊呼声。她的好朋友佳佳问她:

"去尼泊尔要好几天吧,周末只放两天假,时间够吗?"

莎莎豪气地一挥手,说:"我爸爸说了,请两天假就是。学习每天都可以,和小雯姐姐一起去尼泊尔的机会不常有。"

同学们再次惊呼:"哇!是和小雯姐姐一起去啊!"小雯姐姐是电视台少儿节目的主持人,是小朋友们十分崇拜和想要亲近的人。

莎莎的爸爸是电视台的一名化妆师,因为工作需要经常跟主持人打交道。因此,莎莎在班级里也成为了被羡慕的人,常常跟同学们谈论她所见到的电视台工作人员,以及与他们一起吃饭旅行的事情。

类似的请假,也不是第一回了。班主任老师劝莎莎爸爸不要耽误孩子功课,爸爸却说:"我认为女儿就该富养,开眼界长见识,比书本上的死知识更重要。"

莎莎的家庭秉承着要"富养女儿"的教育理念,给她吃最好的穿最好的,每年至少出国旅游两次,在国内度假更是常事。

她的家庭并不算特别富裕,但为了富养女儿,一家人付出了所有的努力。尤其是莎莎爸爸,为了挣钱辗转于好几个电视台之间,经常加班,三不五时地通宵熬夜。

莎莎到了小学五年级,在同龄人的追捧下,性格变得霸道嚣张。在学校要是看见同学拥有了她没有的新书,她就会直接抢过来，不屑地丢下一句："要是弄坏了，我赔你两本就是！"为此，引发了好几起和同学之间的矛盾。

学校请家长到学校调解，莎莎爸爸替女儿赔礼道歉，私底下却高兴地跟莎莎妈妈说："你看，我们女儿的性格多好，只有她欺负别人的份儿，别人欺负不了她。将来长大了，走到哪里都不会受欺负。"

五年级下学期，莎莎的班主任在学校里接到一个电话，急匆匆地找到莎莎说："莎莎，你快去学校门口等着！你爸爸晕倒了，奶奶马上来接你。"

到了医院的抢救室门口，莎莎妈妈正抹着眼泪，看见莎莎来了一把将她搂在怀里，努力控制着自己的眼泪。

莎莎看着抢救室亮着的灯，焦急地问着："妈妈，爸爸怎么了？"

看着女儿焦急的脸，妈妈在担心的同时又感到欣慰，丈夫没有白白疼爱这个女儿。"他在摄影棚里突然昏迷了，被同事送来，医生正在抢救。"

莎莎顿时坐不住了，走到抢救室门口来回踱步，着急地说："妈，爸爸要是醒不过来了怎么办？他答应给我买个新的平板还没买！明天还说好了，要带我去小雯姐姐家里见顾阿姨。"顾阿姨是电视台里多个热门节目的主持人，莎莎一直想见。

这句话一说，几人一阵愕然。

妈妈把手停在半空中，失去了语言组织能力。奶奶生气地说："莎莎！你怎么能这样？你爸爸都昏迷了，你不担心他的身体，却惦记着那些事情？"

莎莎并不觉得自己有错，叉着腰瞪着眼说："你们不是说，答应的事情就一定要做到吗？！这都是我爸答应过我的事情！"

这的确是莎莎爸爸的承诺，遵守承诺是正确的事，带女儿开眼界长见识也没有错。

那么，在对莎莎的教育上，究竟是哪里出了错？

一、爸爸对"富养"的理解产生了偏颇

1. 他对女儿的学习不做要求，认为开眼界比学业更重要

莎莎正是念小学的年纪，学生就应该认真学习，按照学校和老师的要求完成课业，这是她应当承担起的责任。但是，爸爸却率先打破了规矩，时常让她请假出游，这让莎莎从内心里认为学习并不重要，学校只是她用来炫耀并享受同学们崇拜羡慕的地方。

女孩确实应该见多识广，成人后才能对旁人的话具有分辨能力，不会轻易上当受骗。但是，开眼界不能牺牲正常的学习时间，这会让孩子分不清主次，最终形成本末倒置的后果。

2. 因为富养，家庭成员的地位严重失衡

在整个家庭结构中，父母才是最主要的家庭成员。他们担负着挣钱养家的重任，上要赡养老人、下要养育子女。在物质上，子女绝对不能排在整个家庭的第一位。

而在莎莎的家庭中，她的吃穿超过了其他家庭成员，她成了优先供应的首位人选。在事事都以莎莎优先的行为的影响下，那些原本并不是她应得的享受，莎莎却习以为常。

长此以往，她就养成了以自我为中心、不会考虑他人感受的自私性格。

3. 纵容孩子的恶习

霸道、虚荣，仗着家里的宠爱看不起其他同学，看到喜欢的东西就想要据为己有。正是因为以上两点错误的教育观念，才让莎莎身上产生了这样的恶习。

然而，她的这些行为并没有引起足够的重视，她的家人也没有对此进行引导纠正。爸爸反而以此为傲，认为这是他的教育方法得以体现，女儿不会被人欺负。但爸爸却没有想过，欺负别人是错误的行为，女儿必须为此承担责任。

恶习被家人纵容，莎莎更不觉得自己有错，反而为此得意扬扬。

二、富养，不是惯养，更不是无底线的溺爱

爸爸的做法，与其说是富养，不如说是惯养。他惯着

莎莎，给女儿一切他能给予的他认为最好的物质，让女儿获得了本不属于她的生活，并习以为常。

但是，他却忽略了，以莎莎目前的年纪还无法分辨对错。最好的物质、虚假的光环，只会让她变得越来越虚荣，最终影响她正确人生观的形成，使她变得冷漠、自私、不懂感恩。

三、女儿要富养，更要教养

做父母的，都想要给孩子最好的，但什么才是真正对孩子好？莎莎爸爸想要富养女儿本没有错，但他只将"富养"理解为物质和生活的享受，于是导致了糟糕的教育结果。

当一个从容自信的女孩站在我们面前，彬彬有礼地和人们问好时，我们会在内心暗暗称赞：这是个有礼貌、有教养的好姑娘。但颐指气使的莎莎，只会让人远离她、厌恶她。

教养，是一名女孩的内在气质，是从小养成的底蕴，也是将来长大成人后她最好的一张名片。

什么才是真正的富养？

真正的富养，是让女儿从精神层面上感到丰富、富足、有底气。

1. 吃饱穿暖、认真学习是基础，在此基础上，带着孩子利用假期时间领略自然人文风光，开阔眼界。在路上，教导孩子用心去体会生活，发现旅途上的美好，实现旅游的真正意义。

2. 家人的和睦相处，父母的恩爱扶持，安稳的家庭，是孩子最大底气的来源，最丰富的营养给予。因为心中拥有安全感，孩子不会卑怯，待人接物自然就从容得体、不卑不亢。

3. 丰富孩子的精神生活。引领孩子养成良好的阅读习惯，从书中增长见闻、获取知识。弗兰西斯·培根在《论读书》中写道："读史使人明智，读诗使人聪慧，演算使人精密，哲理使人深刻，道德使人有修养，逻辑修辞使人善辩。"

在莎莎的教育上，我们能做什么？

经过医院抢救，莎莎爸爸惊险地渡过了难关，住了一个多月的院才回到家。趁莎莎在学校时，莎莎妈妈将那天莎莎在急诊室门口的表现告诉了莎莎爸爸，语气郑重地说："对莎莎的教育，我们不能再按以前那样富养了。你平时也没少看社会新闻，我就怕，她将来成为报道中的那种人。"

爸爸沉默良久，那天他突然昏迷，女儿竟然只惦记着平板电脑和去见顾阿姨的承诺，这件事让他非常伤心。最终，他同意了妻子的话，一起去找班主任老师谈话，请教经验。莎莎的班主任老师是一名有丰富教学经验的老师，在此之前，她也曾经多次找莎莎爸爸谈话，但在那个时候，他坚信自己的教育理念并没有错。面对他们的求助,班主任给予了切实的建议。

第一步:明确家庭成员分工与对应的职责

莎莎不能成为整个家庭的中心,她的职责不是跟着爸爸出去玩和结交公众人物,而是应该沉下心来学习,完成每一项学习任务。不到迫不得已时,不能轻易向学校请假。

家庭的重心,重新回到以父母为主的正常结构上来。

刚开始实施时,莎莎完全不能接受,用大哭大闹甚至绝食来进行抗议。但看到女儿的这种行为,更坚定了爸爸一定要纠正错误的决心。

幸好莎莎的年纪还小,还来得及改正曾经的错误认知。在经过艰难的三个月后,家庭秩序终于恢复了正常,莎莎也明白了她在家庭的主要职责是学习。

第二步:教会孩子懂得感恩,为女儿的一生负责

富养女儿,正是为了她将来的人生能过得幸福顺遂。一个不懂得感恩的人,会被看作是"白眼狼"。不仅会让父母伤心,在社会上也很难受到欢迎。她的人生道路,注定不会是坦途。

"莎莎,你觉得爸爸爱你吗?"妈妈问她。

莎莎点了点头,她当然知道爸爸对她的爱,正是仗着这份爱,她曾经才那样肆无忌惮。

"那你觉得,你爱爸爸吗?"

"我当然爱了！"莎莎毫不迟疑地回答。

"那么，你为爸爸做过什么呢？你对爸爸的爱，又体现在哪里呢？"

妈妈的问题，让莎莎陷入沉思，在这之前，她从来都没有想过这个问题。经历了爸爸昏迷这件事，家里改变了教育方式，班主任也和她谈话，莎莎成长了许多，慢慢地明白了许多以前不知道的道理。

在随后到来的感恩节里，她给爸爸做了一张精美的立体贺卡，并写了一封长长的信。在信中，她反省了自己曾经犯下的错误，表达了对爸爸的爱，在结尾处她这样写道："爸爸，女儿要用功读书，长大后才有能力报答您对我的爱。我要给您买最大的房子、最好的汽车，让您不用再那么辛苦地工作。"这些天真的话语，令爸爸热泪盈眶。

妈妈，你替我做吧

"妈妈，我走不动路了，要抱抱。"看着女儿委屈巴巴的小脸，听着她轻轻软软撒娇的声音，妈妈只觉得一颗心都要化了，连忙将赵娟从地上抱起来。

"妈妈，老师说让我们自己查资料预习，您帮我查好不好？"赵娟上了小学，妈妈心疼她作业多压力大，连忙答应下来。

"妈妈，您替我梳头吧！""妈妈，您替我收拾书包吧！""妈妈，行李太重了您替我拿吧！"面对女儿的这些要求，妈妈都一一答应下来。当爸爸表示反对时，妈妈就说："哎，这些小事有什么嘛，我能做就替她做了。也做不了几年啦,等她去念了大学,我想帮忙也帮不上了。"

就这样,赵娟到了初中,还没有自己洗过一次碗、梳过一次头、背过一次书包。她的生活都被妈妈包办,她只需要把学习学好。

初二上学期结束时,学校组织了一个夏令营游学活动,前往成都探访巴蜀古文明,为期八天,要求所有同学必须参加。别的孩子听到这个好消息欢呼雀跃,只有赵娟十分抵触,极其不情愿。

回到家后,她央求妈妈:"妈妈,我不去,您就跟老师说说吧,我不去!"

"这是怎么了?"妈妈感到十分诧异。

赵娟嘟着嘴说:"我就是不想去嘛,您就替我去说说行吗?"

爸爸在一旁听到了说:"这是集体活动,作为班上的学习委员,你怎么能不参加?再说了,是你不想去,为什么要让妈妈去替你说?"

被爸爸这么一说,赵娟的眼泪就吧嗒吧嗒往下掉,妈妈急了,忙哄着女儿别哭,责怪爸爸说:"她不想去就不去嘛,你怪她做什么?别哭别哭啊,我这就给老师打电话。"

和老师的沟通结果是,这是学校组织的集体活动,如果没有极特殊的情况,要求每个学生都必须参加。老师在电话那头说:"赵娟妈妈,这次活动对锻炼孩子的独立生活能力、团队意识有很大的意义。我们学校的办学理念强调孩子不仅要读书好,还要身体好、协作能力强,这样才是一个合格的初中生。"

妈妈挂了电话,面有难色地看着赵娟,赵娟知道一定是老师不同意,着急地说:"妈妈,您就替我请病假吧!"

"胡闹!"爸爸猛地拍了下桌子说:"我从小怎么教你的?你还想着用撒谎来逃避!这次的游学活动,最该去锻炼的人就是你。你为什么不想去?就是不想自己动手劳动。"

被爸爸说中了心事,赵娟一下子止住了眼泪,变得哑口无言。

我们看到,在赵娟的身上存在着两个突出的问题:
一、长期依赖妈妈,缺乏生活自理能力

1. 可以看出,赵娟的性格有些娇气,但这并不是导致她缺乏自理能力的根本原因。妈妈长期溺爱她,包办了她生活的方方面面,让她有了依赖的对象。衣来伸手饭来张口的生活过久了,她就失去了自理能力。

2. 孩子成长的过程,同时也是学习的过程。不仅要学习文化知识,更要学会动手能力。一件她从来没有做过的事情,只要她不学习,永远就不会,在这一点上对每个人都是公平的,并且跟年纪没有关系。

3. 请记住"等孩子大了,她自然就会了"这句话是彻头彻尾的谎言。反而有些事情,在儿时不曾学会的,成年后更难下决心去学会,比如溜冰、游泳。我们曾经见到过一位养育了孩子的妈妈,只会用削土豆的方法来削苹果。原因很简单,她从小吃到口的苹果都是妈妈替她削好的,而她从来没有动过手,成年后仍然不会削苹果。

二、精神上尚未"断奶",缺乏独立意识

赵娟已经上初中,进入了青春期。大多数的孩子在这个年纪,自我意识逐渐觉醒,从心理上开始有意无意间远离家庭,融入学校这个大集体中去。他们需要在同龄人的认可与交流中,来掌握在集体中生活的方法,获取信心,最终形成他们自己独有的世界观。

但对于赵娟来说,由于对妈妈在生活上的长期依赖,她在精神上也离不开父母。对她来说,妈妈就是她的支柱,这让她不敢想象离开妈妈的生活,更不知道该怎样面对接下来的夏令营生活。"独立"这两个字,她连想都没有想过,更别说去做了。

曾经有一则真实的新闻报道:孩子考上了清华大学,却因为自理能力太差不得不退学,多么可惜!清华作为国内最高学府,是莘莘学子向往的所在,不少父母更是以将孩子送进清华为荣。于是,就出现了替孩子包办了所有的一切,让孩子只专注于读书这一件事的父母。

但是，好的大学只是人生的起点，独立意识与自理能力却陪伴着孩子的终生，父母切忌捡了芝麻丢了西瓜。

让我们来看看，那个孩子的自理能力差到了什么地步。

不会洗衣服，脏衣服堆到床下发臭也不知道该怎样处理；不会收寄快递；不会自己交电话费；早上没法自己起床，常常迟到甚至旷课……普通人习以为常的事情，他都不会。失去了父母的帮助，他甚至不会生活，这样的孩子就算考上了清华，将来也无法在社会上生存。

面对这样的情况，我们应该怎么帮助赵娟？
第一步：消除孩子的心理依赖

赵娟已经是十多岁的初中生，从身体发育上来说，完全具备培养生活自理能力的基础。她所欠缺的，是对自己能力的针对性训练，但在这之前，先要消除她在心理上对妈妈的依赖。

"你已经是初中生了，还有五年就要考大学。"爸爸语重心长地跟她说，"到了那时，你必须要离开家，而妈妈不会跟着你一辈子、照顾你一辈子。"

赵娟从来没有想过这个问题，对她来说，那还是很遥远的事情。陌生的生活带来对未来的恐惧，这把她吓得脸色发白。

"她爸，你干嘛吓唬她？"妈妈埋怨着丈夫。

爸爸严肃地说:"这不是吓唬,这是事实。难道,你能否认吗?"

赵娟希冀地将目光投向妈妈,期待着她的否定。很显然,在事实面前,妈妈头一回让她失望了。每个孩子,都有自己的人生,父母无法代替,甚至无法陪伴孩子走到生命尽头。所有的一切,最终都是由孩子自己承担。

第二步:教会她必备的生活自理技能

女儿明白了妈妈不会照顾自己一辈子的现实后,对于女儿的教育问题,爸爸和妈妈进行了一次恳谈,想让赵娟独立,离开妈妈的配合。

妈妈明白了她无微不至地照顾,只会害了女儿,于是开始行动起来。还有十天,就是夏令营游学活动了,利用这段时间,妈妈教会了赵娟自己梳头、收拾行李、洗衣服、系鞋带、看地图等生活必备技能。

十多年来从来就没有做过的事情,因为缺乏相关常识,赵娟学起来闹了不少笑话。比如,她甚至不知道内衣和袜子要分开洗的道理。但是,在她这个年纪,很容易理解妈妈的话,学起来也很快。短短十天的时间,不能让她熟练掌握所有的方法,更不能彻底改变她的习惯,但在了解不少生活常识后,起码能打理自己的起居。

第三步:把握时机,将游学作为最好的锻炼机会

"孩子,不管到了哪里,你都要记住,照顾自己是最基本的能力。"在临出发前一晚,爸爸语重心长地叮嘱着女儿。

面对离开妈妈的生活,赵娟虽然已经做好了心理准备,但仍然忐忑不安,担心自己不能适应。妈妈看着女儿,也欲言又止,无法放心。

爸爸看着母女两人笑了起来,说:"你们就放心好了!女儿都这么大了,学习上都能做到那么优秀,怎么会被这一点小困难给难倒?"

爸爸的肯定,给予了赵娟最大的鼓励。她捏紧小拳头重重点头,说:"嗯!我一定能做到。"她在心里悄悄下定了决心,要将这件事当作学习任务一样去克服。

送赵娟上了车,妈妈站在原地迟迟不愿离去。爸爸明白她的担心,拍了拍她的肩膀说:"你要相信自己的女儿,离开我们她会做得更好。"

果然,在接下来的几天里,他们通过老师分享出来的视频,看到女儿在夏令营中适应良好。刚开始时,随行的生活老师反映赵娟还不能自己按时起床,但几天过后她就不用再让人提醒,懂得自己提前设定闹钟。

到了最后一天,赵娟通过自己的努力成为了小队长。她脸上洋溢着自信的笑容,带领着同学们参观位于成都市区的杜甫草堂,口齿伶俐地讲解着杜甫对中国文化产生的深远影响。看到她的表现,妈妈终于放下了所有的担心。

给孩子空间，他们才具备成长的可能。给孩子一双翅膀，他们才会具备飞翔的能力。教会女孩独立生活的能力，她们才能从容面对未来。

独立,女孩一生的财富

当今社会上,有这样一种女性:她们自信而笃定,朝着自己的目标优雅前行。所有的难题到了她们的手边,都被轻松化解,看起来就好像没有任何事能难倒她们。在她们身上,我们能发现一个共同的闪光点:独立。

独立,是女孩一生的财富。与之对应的,是传统的"女子无才便是德"的守旧观点,就算到了现代社会,仍然有不少人认为"学得好不如嫁得好",在辍学率上,女孩远远高于男孩的比例。作为女孩的家长,我们一定要摒弃这个落后的观点,杜绝将女孩的一生依附于男人身上的危险想法,培养女孩独立自强的性格、自尊自爱的意识,才能赢得他人的尊重，获得在社会上生存的实力。

于珮是一名小学四年级的学生，从幼儿园起，不论多重的书包，都是她自己背。

曾经有同学的妈妈很不赞成这样的做法，问于珮妈妈说："孩子还这么小，你就不担心书包太重影响她的发育吗？"

于珮妈妈笑着解释说："不用担心，她背书包走的路并不多。"

"那也不行吧？你看她还只是个小姑娘。"

面对质疑的声音，于珮妈妈只笑了笑，不再说话。

在她心里，这是孩子自己能做的事。她当然能替孩子背书包，这是多么轻而易举的事情！比她看着女儿稚嫩的肩膀背着重重的书包自己揪心容易多了。但是，这却会不利于女儿独立性格的养成。

暑假到了，于珮要去外地的外公外婆家玩，那是另一个城市。于珮妈妈提前给她买好了儿童无人陪伴飞机票，送她抵达机场，帮她办好乘机手续。

"妈妈再见！"于珮推着箱子跟随机场工作人员走到了安检口，回身甜甜地笑着，跟妈妈挥手再见。外公外婆会在目的地的机场接她。

"她还这么小，一个人坐飞机你就不担心吗？"于珮妈妈的闺蜜问她，"你的心也太大了！"

"只要在安全的范围内,我就不担心。"两个城市相距千里之遥,但儿童无人陪伴机票是航空公司提供的一项成熟的服务,所需要的只是家长敢于放手。

"话是这么说,你就不担心她一个人在陌生的环境中会害怕吗?"

于珮妈妈想了想说:"其实我也担心的,但她总有一天会到陌生的环境中去,不是吗?与其到了那个时候我再来担心害怕,不如趁现在我还能替她打算时,让她先慢慢适应。"

暑假结束,新学期开始的第三天,于珮垂头丧气地回到家里说:"妈妈,我交上去的手工报又没有获奖。"

妈妈摸着她的头说:"你已经做得很棒了。自己查资料,自己找主题,认认真真画了好几天才完成,是一幅很棒的作品。"

于珮不开心地抬起头说:"妈妈,我看了获奖的作品,都是爸爸妈妈帮忙做的。下次,您也帮我做好吗?"

"孩子,这是不是你自己的暑假作业?"妈妈问她。

于珮明白妈妈的意思,可是她仍然不开心地嘟着嘴说:"我当然知道啦!但是,靠我自己的能力,没办法获奖。"

"那你认可你自己的作品吗?"

"嗯!"于珮大力点头说,"我当然很喜欢!老师说要做夏天的主题小报,我查了好多资料才定下来画小暑。'小暑金将伏，微凉麦正秋'，多么美的诗句！"说起自己用心制作的小报，于珮的眼里闪闪发光。

妈妈看着她笑了，说："看！你自己的作品，说起来就头头是道，记忆犹新。如果是爸爸妈妈替你做了，你只是一个旁观者，还会有这样的喜悦吗？"

于珮仔细地想了想，摇头说："不会。妈妈，我明白你的意思了！"

看着女儿舒展开来的眉头，妈妈语重心长地说："孩子，你努力的过程，比结果更重要。"

是的，比起家长代劳的获奖小报来说，于珮自己独立制作的小报更有意义。锻炼孩子的独立思考能力、动手能力，这才是老师布置这一项暑假作业的真正含义。

于珮妈妈用心良苦，正是为了从小培养女儿独立自主的能力。培养独立能力，正是女孩教育中的重中之重。

独立，能让女孩获得三项重要收益：
一、具备基本的生活能力

曾经有这么一条新闻，让全世界的母亲湿了眼眶。新闻里报道的，是一名患了绝症的妈妈，她有一个才六岁的女儿。这个年纪的女童，正是在妈妈怀里撒娇的时候，她却已经学会了洗菜做饭，还学会了妈妈的拿手好菜。

她做饭的时候，妈妈就在一旁看着，耐心仔细地教导，却并不出手帮忙。无论孩子怎样手忙脚乱,她都不会替她完成。

她说:"我不久将要离世,我唯一能做的,就是在这之前教会女儿独立生活的能力。这样,将来不管发生什么事,她总能做饭给自己吃,不至于饿死。"

这番话听上去多么令人心酸,却是残酷的现实。这只是个例,并不会发生在我们身上,但其中的道理都是相通的。

二、拥有独立健全的人格

因为两性差异,女性从身体上天生就要弱于男性。但是,这并不代表着女性就是弱者,就一定要依附于男性才能生活。

每个人,都要为了自己而活着,而不要为了别人而活。不依赖他人、不随波逐流、不为了讨好别人而失去自我,才会拥有自己的主见和观点。

内在的精神动力,会驱使着女孩在人生的道路上不断完善自己,坚定前行,形成自己独有的人格魅力。

三、获得自己的精神世界

诺贝尔文学奖得主库切曾经说过:"每个人都是一座孤岛。"但美国作家欧内斯特·海明威在《丧钟为谁而鸣》的扉页上引用过一句诗:"每个人都不是一座孤岛。"

我们当然不是一个人生活在这个世界上,每个人都有自己的老师、家人、同学、朋友。但是，总有一些事情，任何人都帮不了你，需要你自己独自去面对困难、去舔舐伤口。在这个时候，拥有一个充沛的精神世界，能帮助女孩渡过难关，走出阴霾，拥抱未来。

明白了独立能带来的好处，我们该怎么培养女孩的独立能力呢？于珮妈妈的做法，就十分值得我们借鉴与学习。

第一步：培养孩子的动手能力，自己的事情自己做

在孩子成长的每个阶段，都有适合她做的家务。一岁就能自己扔纸尿布，两岁就能收拾自己的玩具……随着年纪增长，孩子的能力越来越强，能做到的事情也越来越多。

提倡孩子做家务，并不是狠心虐待孩子，而是培养她的动手能力、责任心，以及在她心中建立"自己的事情自己做"这个重要观念。

对孩子来说，参与家庭劳动并不会觉得辛苦，反而会特别有成就感。帮助妈妈浇花、给自己的洋娃娃洗澡，既是家务，同时也是玩耍的过程。只要能得到来自父母的肯定与鼓励，她们就能乐在其中。

很多时候，不是孩子觉得"辛苦"，是大人认为孩子太小不该做家务，认为孩子"辛苦"。当成人表现出来后，孩子才会觉得做家务是辛苦的事情。

第二步：适当放手，给予孩子锻炼的机会

在安全的范围内，父母应该主动寻找让孩子独立的机会。只要我们有心，就一定能做到。事情不分大小，都能帮助孩子进行独立自强的锻炼，在这里，我们提供几个在生活中能实际操作的方法，供大家参考：

1. 独自完成一次积木拼装。
2. 自己梳头。
3. 整理自己的房间。
4. 做压岁钱的分配方案。
5. 当一天家。
6. 完成一次旅行计划。
7. 负责养一盆花。
8. 完整地做一顿饭。
9. 自己准备第二天要穿的衣服。
10. 独立乘坐飞机。

第三步：相信孩子，做孩子最坚强的后盾

孩子的成长，总是缓慢而艰难的。在这整个过程中，父母会遇到各种问题，孩子也会面临着不一样的困难。

但我们一定要记住，只要这是她能够独立完成的事情，就一定要克制住内心想要帮助孩子的冲动。

帮助孩子容易，她需要花十分钟甚至更多时间才能做好的事情，我们只需要短短一分钟。然而，这却让孩子丧失了一次宝贵的体验机会，当下次她再面临同样的困难时，她仍然不会。而我们能保证，下一次、再下次，都一直在孩子身边，随时准备着帮助她吗？

　　授人以鱼，不如授人以渔。我们唯一能做的，就是在孩子遭遇挫折时陪伴她，沮丧时鼓励她。用我们的实际行动来消除孩子的后顾之忧，告诉她，孩子你勇敢去飞，我们一直在你身后。

女孩必须学会保护自己

杨琳是一名初三的学生,她皮肤白皙身材高挑,走到哪里都是人群的焦点。眼看就快要中考了,她背着书包下了公交车,急匆匆地朝着家里走去。

忽然,在她面前出现了一名中年妇女,对方拦住她说:"小妹妹,能不能帮阿姨一个忙?"

杨琳停住了脚步,中年妇女抹着眼泪继续说:"我来找在城里打工的儿子。结果人没找到,手机又被偷了,都两三天没能吃一顿饱饭了。"她用祈求的眼神看着杨琳,说:"你能不能,替阿姨买一碗面?"

"就一碗面!别的,阿姨也不多要你的,我也不是乞丐！实在是饿极了……不然也拉不下这张老脸来求人……"

杨琳见她穿着朴素、语气诚恳，局促的样子不似作假，再说一碗面的要求也并不过分。她拿出自己的零钱包，找出一张十元的钞票递过去，说："阿姨，你拿去买吧。"十元，足够买一碗面。

哪里知道，中年妇女却好似被烫着一般缩回手，整个人都往后跳了半步。"不，不！我只是想吃碗面，又不是乞丐！"她的脸涨得通红，说："小妹妹，你莫把我当乞丐！"

"我没有。"杨琳连忙辩解，为自己刺伤了对方的自尊而心存愧疚，一时手足无措不知道该怎么做。

中年妇女看了她一眼，说："要不然，你陪我去面馆，好吗？"

"可是，我没有时间。"杨琳十分犹豫，"妈妈还等着我回去呢！"

听见她提起妈妈，中年妇女的眼神闪了闪，恳求道："小妹妹，就耽误你几分钟！"她指着一条巷子接着说"我刚刚从那里过来，走几分钟就有个面馆，你替我买了面就走。我这一大把年纪，讨饭吃就没脸了，怎么能占你的便宜！"说着，她就扯着杨琳往那条巷子走去。

杨琳想要挣脱，又觉得她都那么惨了，拒绝太不礼貌，被中年妇女连拉带拽地带到巷子口。这条巷子就在她回家的路上，但是她从来都没进去过，走到巷子口的时候，她在心头总觉得事情有些不对劲,就越走越慢。

"小妹妹你不是没有时间吗?你看,面馆就在那里。"她伸手指着,那里确实是有一家面馆。店面很窄,在外面看不见里面的人,门口黑洞洞的看起来有些可怕。

"我把钱给你,你自己去买吧!"杨琳突然停住脚步,将那十元钱塞到她的手里,转身就跑。

她的眼角余光,看见有两个男人从面馆里冲出来,吓得她朝着家的方向拔腿就跑。一边跑,一边不住回头看,直到她跑进了小区,那两个男人才没有跟过来。

杨琳停住了脚步,越想越后怕。

这样的事情,就在我们的身边发生,离我们的孩子并不遥远。假设杨琳没有发现不对劲从而没有及时跑掉,那等待着她的,会是什么后果?

为了保护女孩并使她们远离危险,我们必须教会她们六件事:

一、不和陌生人说话,不理会陌生人的求助

家长都会告诉孩子,不要和陌生人说话,孩子们也都知道这个道理。但在实际的生活中,陌生人往往是以让人放松警惕的面孔出现,让孩子防不胜防。就像杨琳遇到的这个中年妇女,就是以求助者的身份出现的,先让杨琳放松了警惕,再一步一步提出她的要求。

我们一定要告诉孩子，对陌生人的求助，不论对方是什么样年纪的人、以怎样的身份出现、看上去是否值得可信，都不要直接给予帮助，更不要相信对方的话。

如果对方是团伙作案，出现在孩子眼前的人，正是用来获取孩子信任的人。通常，那个人看起来没有任何威胁，甚至是示弱的姿态，引诱着孩子迈入陷阱。

就算对方真的需要帮助，孩子作为一个未成年人，能给予的帮助也十分有限。孩子可以采取报警的方式，替对方寻求帮助。

二、上学放学结伴而行，不要轻易改变路线

在路上，同校同班顺路的同学们，采取结伴而行的方式，尽量不落单。在上学和回家的路上，不要东游西荡、不闲逛、不为了好奇突然去另一个地方、不要为了抄近路去到偏僻之地。

如果遇到危险，一定要大声呼救、报警。

上晚自习的同学们放学比较晚，更要注意不能一个人走夜路。如果回家的路不够安全，请家长和孩子约好一个地点，每天接孩子回家。

三、不独自一人去陌生的地方

我们要尊重孩子的隐私，但必须和孩子沟通达成一致意见：她的行踪属于安全问题，不只是她一个人的事情。

去同学家做功课、约了朋友一起去图书馆、拜访老师等等行程安排，一定要提前告诉父母，由父母来判断是否安全，让父母知道你去了哪里。尤其是从来没有去过的地方，孩子必须事先征求父母的意见，排除风险。

四、保护好自己的隐私

在互联网时代，每个人的隐私都不再安全，人们经常会接到广告电话，甚至是诈骗电话。对尚未具备分辨能力的孩子来说，必须要保护好自己的隐私。

家长要教育孩子：姓名、地址、家人的联系方式和工作地点、学校班级等，都是自己的隐私，不要在网络上轻易泄露，在实际生活中也不要告诉别人。这些信息，很有可能被不法分子利用，威胁自身的生命财产安全。

五、拒绝陌生人给的饮料、食物

要让孩子明白，拒绝接受陌生人以任何形式送给她的食物饮料。常见的形式有：

1. 填调查问卷送饮料。

2. 参加"买1送1"活动买多了喝不完，送给你。

3. 抽奖送饮料。

4. 做慈善送食物。

5. 玩游戏送饮料。

骗局总是花样繁复、层出不穷，但只要让孩子牢牢记住一句话"天下没有白吃的午餐"，就不会上当受骗。

六、除了父母家人,不要轻信任何人

有媒体做过一份调查问卷,发现在性侵女性的案件中,超过70%的当事人遭受到的都是来自"熟人"的侵犯。这些熟人,有亲戚、邻居、同学……

作为女孩的父母,必须直面这样的现实,才能保护好自己的女儿。性侵一旦发生,会毁了女孩的一生,我们只能未雨绸缪。

在阳光照不到的地方,存在着我们无法想象的黑暗,猥亵、侵犯女孩的案件屡见不鲜。要让孩子明白,除了父母和直系家人,不能轻信任何人。

第二章

正面管教的态度：温和、坚定

态度决定一切,这是让一切教育方法行之有效的基础。正面管教所倡导的态度是温和又坚定。不是严厉责骂,也不是对孩子让步。那么,什么是温和又坚定呢?

所谓温和,是指我们在教育孩子时,不将自己的情绪带入。无论面对怎样的事情,都做到不激动、不指责,从事情的客观角度出发,始终保持温和的态度。

所谓坚定,是指要让孩子明白我们的决心。在制定的规则上、达成一致约定的过程中,不会因为孩子的撒娇、哭闹而做出让步。

内向不合群怎么办？

红红是一名害羞内向的小姑娘，马上要上小学了，妈妈和她一起准备文具，收拾书包。

"孩子，明天你就是正式的小学生了。上课时要大胆发言，平时要团结爱护同学，知道吗？"妈妈看着女儿，心里有些担心。红红从小就是个安静的孩子，在幼儿园的时候，就常常因为说话声音小而被集体忽略，她能适应小学的生活吗？

期中考试结束后，红红的班主任找红红妈妈谈话："红红是个好孩子，只是她上课时从来不举手发言，下课后也不和同学一起玩儿。她的性格，是一直这么内向吗？"

妈妈心里突地一跳，果然，她最担心的事情还是发生了。她多么希望能看到女儿融入集体中，大声说话，开心地玩闹，但红红就是做不到，这让她心里的担忧升级成为焦虑。

回到家，妈妈问红红说："红红，你下课的时候，都在干什么呢？怎么都不和别的同学玩儿？"

"我在看书。"红红说，"图书角的绘本每个月都会换一次，可好看了！"下课时间只有十分钟，再减去喝水、上厕所，红红只觉得时间根本不够用，更没有时间和同学们一起玩儿。

"也不能光看书，有时也要和同学们一块儿玩玩。"妈妈给她提出建议。

红红摇头说："我不知道和他们说什么。"这正是妈妈感到焦虑的地方，女儿这么内向，跟同学们都说不到一块儿去，将来长大成人后该怎么融入社会呢？

妈妈按捺住心中的担忧，又问："那你上课怎么都不举手发言呢？"

红红犹豫了一下，说："我原来举过，老师点我起来发言的时候，我声音太小，后面的同学都听不见。"于是，她就不再举手。"妈妈你放心吧！老师讲课的时候，我都在听的，问的问题我也在心里回答。不举手，也没关系的吧？"

看着女儿渴望认可的眼神，红红妈妈笑着点了点头，说："没关系的。"

红红开心地笑了，可妈妈却更焦虑了。都说三岁看老，女儿已经上一年级，这个内向的性格估计是改不过来了。在学校内向不要紧，将来长大成人后，如果还是学不会交际、不懂表达自己的意见，就怕她会吃大亏。

孩子为什么会内向？
一、性格安静不等于内向
首先，我们必须要分清性格安静和内向的区别。安静，是一种很好的性格，尤其在女孩身上，会成为令人欣赏的优点。我们看到，红红在课间的短短时间里、在吵闹的教室中，能沉下心来看书而不受打扰，正是其中一种表现方式。

内向，是指不愿意将自己内心的意愿表达出来，不喜欢和人们接触，并拒绝别人了解自己的性格特征。在很多时候，内向者也常常被贴上自卑、消极的标签。

从红红的表现上来看，她的性格天生安静，但并非主观拒绝融入班集体中。在她身上，有了内向的趋势。

二、表达自我时遭遇挫折
从孩子呱呱落地起，他们天生就懂得表达自己的意见。哪怕还不会说话，他们也会用哭闹、手势等方式，来传达自己的需求。

在婴儿时期，我们就要重视孩子的感受，满足孩子的一切需求，及时反馈孩子的情感。让孩子感到，他是被重视、被关怀的，下一次他才敢于表达。

在实际生活中，我们常常会因为忙于自己的事情，而忘了回应孩子的需求。"没看见我正在忙吗？""等一会儿！"或者干脆不予回应，孩子只能默默走开。成人总认为孩子没有什么大不了的事情，却忘记了在孩子的世界中，你就是他最重要的人。

自我表达长期被忽略的孩子，就会慢慢变得内向。

三、家教过严，家庭氛围冷漠

父母的要求过于严格，对孩子限制过多。"不要去摸，脏！""不要碰，摔了要赔！""字写得太丑，重来！"有的家长过于溺爱孩子，有的家长则矫枉过正，认为只有严格要求孩子，孩子才能有出息。甚至，在家里用严肃的态度对待孩子，造成亲子关系淡漠。

在这样的环境下，孩子的情感得不到关注，孩子不敢开口表达，就会变得畏手畏脚，越来越内向。

四、孩子没有找到和同龄人玩耍的乐趣

孩子天性就渴望跟同龄的孩子玩耍，但我们常常会看见这样的情形：四五个孩子在一起玩的时候，其中有一个离群体比较远，安静地坐着或者看着他们，显得有些不合群。

这个时候，千万不要去指责那个孩子内向、不合群，

强行要求他立刻去和小朋友们打成一片。有的孩子天生自来熟，有的孩子性格就慢热、谨慎，这世界上没有一模一样的孩子，父母能做的，就是给他们时间，让他们自己去适应、成长。

如果成人在这个时候进行干预，极有可能会打断孩子自己的节奏，让孩子不知道该怎么融入集体。

面对红红这样的孩子，我们应该怎么做？

第一步：认可孩子，鼓励她寻找内心的力量

红红还没有达到内向的程度，因此在这个时候最为关键。切记不能给她贴上内向的标签，要认可她的优点，将这些优点发展成她内心自信的来源，变成她自己的能力。

对于红红妈妈的烦恼和焦虑，红红爸爸对相关知识进行了解后，劝她说："红红只是安静，并不是内向，你越着急，越会适得其反。既然她喜欢阅读，我们就多买一些绘本回来，让她在家里看个够。这样，在学校她就有时间去结交朋友了。"

妈妈接受了爸爸的理念，给红红买了许多她没有读过的绘本回来，周末也会带她去图书馆看书，班级里的绘本慢慢地就对红红失去了吸引力。红红因为看的书多，识字量大，在学习中表现优异，成了被同学们请教的对象，她和大家的交流自然就变多了。

第二步：帮助孩子找到属于她的表达方式

每一个孩子都是独特的，父母要做的是发掘适合她的方式。红红说话声音小，但她喜欢看书，妈妈就教她大声读出绘本中的文字、朗诵古诗词。

此外，妈妈根据她的特点去选择兴趣班，带着红红去上了一节试听课后，给她报了小主持课程。在兴趣班上，老师带着孩子们朗读，矫正孩子们的发音、站姿，训练孩子们的形体、谈吐。一个学期结束后，红红虽然还不敢站上舞台，但她已经变得敢于开口表达，能在家里给爸爸妈妈表演学到的知识。

第三步：相信孩子，静待花开

我们不要去定义孩子，标签化孩子，要相信孩子，善于发掘孩子的天赋，并加以培养。每一种性格都具有两面性，都有其优缺点，不能用这种性格好、那种性格坏来定义。父母最了解自己的孩子，只要细心观察，就能寻找到孩子发展的方向。

陪着孩子一起成长，给予孩子内心的力量，慢慢耕耘，就能静待花开。

二年级快开始了，红红因为沉稳得体的主持风格，担任了学校迎新生晚会的主持人。看着她穿着红色的小礼服，站在舞台上微笑着落落大方地主持，妈妈的一颗心总算是放了下来。

你不争气,全家人一起喝西北风

"佳佳,月底就要期末考试了,你要好好复习好好考试啊。"妈妈一边做着饭,一边对刚进门的佳佳说着。

佳佳应了一声,说:"妈妈,那我先去写作业啦!"

"好孩子快去吧,一会儿饭好了我就叫你。"

佳佳家里并不宽敞,只有客厅的窗户那里光线最好。她搬了一张小桌子到窗户边,拿出文具开始写作业。

吃晚饭的时候,爸爸下班回到家。一家三口吃完晚饭,佳佳想要替妈妈收拾碗筷,妈妈连忙制止:"你快去学习,这些事情都别管,这次考试一定要考好。"佳佳正在念初三上学期,学习一向不错,在班上稳定在前五名。

佳佳犹豫着放下了手中的碗筷，回到小桌子旁继续复习。为了让佳佳拥有一个安静的学习环境，爸爸妈妈没有打开电视，选择了出去散步。从小学起，家里一直就是这样的作息规律。

临睡前，佳佳走到妈妈跟前，欲言又止。"怎么了？"妈妈问她。

"这个周末晓玲过生日，她邀请我去做客。"

"过生日？"妈妈猛然抬头看着她，说，"都要期末考试了，还过什么生日。还有，我说过的吧，不要老是跟晓玲在一起玩，她成绩又不好。"

"她在班上十多名，成绩不算不好吧？"佳佳小声地反驳说，"只是半天，不会耽误复习的，期中考试第一名的白露也会去。"

"白露是第一名，她当然可以去了。"妈妈的情绪激动起来，说："佳佳，我跟你说过多少次了！你生在我们这样的普通家庭，没有别的路可以走，只能靠自己好好学习，跟别人不能比！"

佳佳低下头不再反驳，眼泪在眼眶里打着转。爸爸见状，忙拉了一下妈妈的袖子，说："你别激动，佳佳从小就听话。"

"她听话就不会在这个时候，提出这种要求了！"妈妈继续说,"我们这辈子就这样了,老了就都指望着佳佳,她要是不争气,我们一家人都喝西北风去!"

从小到大,佳佳就是全家人的希望,玩的时间很少。这次晓玲过生日请大家去游乐园里玩半天,对她来说有很大的吸引力,她这才鼓起勇气跟妈妈提出要求。她不明白,她已经很努力在学习了,只是一个小小的要求妈妈也不答应,还劈头盖脸地把自己教训一顿。佳佳的心里觉得委屈,眼泪就再也绷不住,成串地掉落下来。

"哭?哭什么哭!除了哭你还会什么,我真是白养你这么大了!"看见她哭,妈妈更是气不打一处来。

"好了好了,你少说几句。"爸爸劝着妈妈,对佳佳挥挥手说:"先去睡觉,有什么事情明天再说。"

佳佳心里知道,明天再说只不过是爸爸随口说的一句话,妈妈是不会同意的。

拒绝了晓玲的邀请,想着那天妈妈说过的话,佳佳心头一直闷闷不乐。尤其是后来,她听去生日会的同学们眉飞色舞地提起在游乐园里发生的事情,就更觉得难受。

期末考试结束,佳佳的成绩出现了明显的下滑,从前五名一直跌到了二十多名。

这是怎么回事?看着女儿的成绩,妈妈着急坏了。佳佳最近明明和之前没有什么区别,放学后准时回家,除了吃饭睡觉,其余时间都在复习,学习成绩怎么会不升反降?

妈妈不知道,在对佳佳的教育中,她犯了以下几个关键错误:

一、将全家的希望都压在女儿肩头,孩子承受的压力太大

从妈妈的话语中我们可以看出来,她对自己目前的生活环境并不满意,但又觉得无能为力,这样的现状,让她产生一种不如别人的自卑感。于是,女儿就成为她转移情绪的工具。

但是她却忘了,佳佳还只是个孩子,怎么能将全家人的希望、父母的未来,全部都压到女儿稚嫩的肩头上呢?

过高的期望就像拔苗助长,就像一根弦绷得太紧总有一天会断,承受的压力太大,佳佳总有一天会崩溃。不允许她去参加晓玲生日会的事情,只是一根导火索。

二、忽略孩子的心理需求

对正处于青春期的孩子来说,被他们排在第一位的烦恼并不是学习成绩不好,而是人际关系差。换句话说,他们需要获得外界的认可、需要有和朋友相处的时间。在这个特殊的阶段,友情有时甚至超越亲情,排在第

一位。

不能参加好朋友的生日会,对佳佳来说,不只是不能去游乐园的遗憾,还有被同伴抛弃的孤独感。

随着孩子的不断成长,心理也在不断发生变化。通常来说,女孩的心思比男孩更细腻,性格更温和,她们遇到问题时,或许不会像男孩一样激烈反抗,但不反抗,并不代表她们就能接受一切。

三、沟通方式简单粗暴,给孩子带来伤害

类似"白养你这么大、不争气就喝西北风"这样恐吓性的话语,家长在说出口的时候,并没有想过要伤害孩子。也许是在气头上,一时口不择言;也许是平时习惯了用这样的语言去刺激孩子学习,并没有想过会对孩子造成负面影响。但实际上,这样的恐吓会给孩子带来负面压力,导致自卑、没有安全感等一系列心理问题。

同时,我们也要肯定,在对佳佳的教育上父母做得正确的地方,如家庭和睦、提供一个安静的学习环境等。否则,佳佳也不能养成良好的学习习惯,更不会让成绩一直名列前茅。

那么,面对佳佳成绩下滑的现状,我们应该怎么做?

第一步:纠正教育观念上的失误,给孩子减压

这次期末考试,是中考前的最后一次期末考试,对孩子来说十分重要，老师和家长一样重视。佳佳的成绩下滑这么多，就引起了班主任刘老师的注意。于是，他请佳佳的父母来到学校，想要了解具体情况。

"你们先别紧张。"刘老师笑着请两人坐下，说，"佳佳的成绩一向很稳定，这次突然下降是不是有什么特殊情况？"

佳佳妈妈仔细想想，把她不允许佳佳去参加晓玲生日会的事情讲了，十分疑惑地说："我想来想去，就只有这件事了。但是，这也不是什么大事啊。"的确，在成人看来，这并不是什么大事，但放在长期感受到压力的佳佳身上，就成了击溃她心理防线的最后一根稻草。

刘老师仔细听完后，将这其中的原因剖析给两人听，佳佳妈妈才恍然大悟，连忙问："老师，那现在该怎么办？"她没想到，一心为了孩子成绩好，反而造成这样的后果。

"不用担心，还有一个学期，我们要给孩子减压。"刘老师这样说。

第二步：认可孩子的朋友，鼓励有益的交际

明白了在教育上存在的问题后，佳佳父母听从了刘老师的建议，和佳佳长谈了一次，不再将家庭的未来压在她的肩头。

"佳佳，之前是妈妈做得不对，没有顾及你的感受。

要求你好好学习，是为了你将来能生活得好，不是为了要让你来给我们养老。你能原谅妈妈吗？"

"我从来就没有怪过妈妈。"在佳佳的心中，妈妈是她最爱的人。

妈妈没想到是这样的结果，湿了眼眶，将佳佳搂在怀里，说："我和你爸商量过了，这个暑假让你能有和晓玲一起玩的时间。"

"真的吗？"佳佳惊喜地问。

妈妈笑着点点头，说："当然是真的。"

第三步：张弛有度，合理安排孩子学习与休息的时间

学习是一场马拉松，而不是短跑，需要长期坚持的毅力、持之以恒的决心，而非爆发力。就像每个人都必须通过睡觉来恢复精力一样，合理的放松才能让学习取得更高的效率。

弗朗西斯科·西里洛发明的番茄工作法，正是运用了这其中的原理。在他大学生活头几年，学习效率低下，他为此而感到苦恼。在看见厨房一个类似番茄的计时器后，他通过计时，让自己全神贯注四十分钟，再休息十分钟的方法，做出了伟大的成就。

同理，孩子的时间也不能全被学习占满。要留给孩子放松、与好朋友一起玩耍的时间，充分的休息会为孩子带来更饱满的精力、更高的学习效率。

刚开始时，佳佳妈妈心里还有些担忧。原先学习的时间被休息代替，这样孩子的成绩会不会更差了？开学后的第一次考试，就成功打消了她的顾虑，佳佳再一次回到前五名的位置上。

初中毕业，佳佳成功考上了她理想的重点高中，开始了新的学习征程。

把选择的权利交回孩子手中

在书店里,我遇见一对母女正在买书。妈妈妆容精致、举止优雅,女儿七八岁的样子,安安静静地跟在妈妈身后,从举止上看得出来有着良好的家教。

她们在童书区选书,女儿拿了一本她很感兴趣的书,正在翻看的时候,妈妈抽走了女儿手里拿着的书,另外取了一本书给她,声音不大却很坚定地说:"我觉得这本更适合你。"女儿没有拒绝,噘着嘴有些不情愿地接过妈妈手里的书。

到了休息区里,我要了一杯咖啡慢慢喝着,又看见了母女两人。女儿看着橱窗里的各种小蛋糕两眼放光,妈妈却说:"还有一小时就是吃晚饭的时间,我们先喝点儿东西休息下。吃了这些,一会儿就吃不下晚饭了。"

女儿眼里的光芒黯淡下去,默不作声算是同意了妈妈的说法。但是,两人在喝什么的时候,发生了争执。妈妈想要点一壶蜂蜜柚子茶,刚好有两个杯子,两人能一起喝。女儿却不同意,执意要喝一杯水果茶。

"就喝柚子茶,帮助消化,味道清淡,挺好的。"妈妈说。

"水果茶味道也清淡,妈妈您说过多吃水果对身体好,也帮助消化。"女儿的理由让妈妈无法反驳。

"我们两个人喝一壶茶,比各喝一杯要划算。"妈妈说。

女儿想了想说:"我也这么觉得。但是妈妈,为什么您不能和我一起喝水果茶呢?"

母亲的脸色第一次出现恼怒的神色:"这么小的事情,你怎么非得跟我顶嘴?"

柚子茶、水果茶,这两种饮料从功能上确实没有太大差别。顶多是因为个人的口味而产生的不同喜好。

女儿或许并没有意识到,她随口问出的那个问题,正是她一直憋在心头的疑问:为什么孩子一定要按父母说的做,而父母却不能听取一次孩子的意见呢?

让我们来看看，这件事情的症结在哪里。

父母给了孩子生命，但孩子始终是一个独立的个体，有自己的喜好、情绪。

这位妈妈的情绪并不激烈，正是我们所提倡的温和而坚定。但是，她所使用的教育方法并不是正面管教，而是容不得孩子有反对意见的命令。再温和的命令，也是命令，是从自己的角度出发，命令孩子按照自己的意愿行事，且不容拒绝。

温和、坚定是正面管教的态度，但在这个事例中，这位妈妈却用错了地方。

妈妈替女儿选择她要读的书，这是第一次命令，女儿顺从了；第二次命令是让女儿放弃糕点，女儿默认了。但为什么，在柚子茶或者水果茶这样的小事上，反而起了争执？

事实上，正因为这是小事，女儿才通过争执来默默抗争。

我们可以进行合理推测，这样的场景，在她们的生活中，应该发生过很多次。所以，女儿知道，如果不选妈妈递过来的那本书，妈妈会轻言细语地跟她讲很多必须选择的大道理，直到她顺从为止。至于糕点也是一样，女儿心知肚明所以默认了妈妈的话。

女儿在意的，并不是水果茶，而是自主选择的权利，她在努力争取自己的意见能被采用的权利。

命令孩子，存在着三个隐患：

一、孩子的意见长期得不到重视，会导致自卑的性格

在成长过程中，孩子需要被肯定、被鼓励，如此才能拥有积极向上的内心力量。长期被否定，而且是来源于最亲近的父母的否定，部分孩子慢慢会变得不敢表达自我意见，进行自我否定，最后变得自卑。

一旦形成自卑的性格，就不只是表现在家庭中，在学校、将来进入社会，都会受到性格的影响，变得消极、孤独，无法客观评价自己的能力，造成各种负面影响，难以获得幸福。

二、有的孩子会因此变得叛逆

因为个体差异，有的孩子在父母的命令下反而会产生逆反心理。随着年龄增长，进入青春期之后，开始进入叛逆期，具体的表现如下：

1. 对父母的要求表现出明显的排斥。

2. 不和父母沟通。

3. 容易结交不良朋友。

4. 学习成绩出现不同程度的下滑。

三、长期被命令的孩子，没有主见、缺乏判断力

被命令、被安排，长期如此会让孩子丧失自己的主见，难以分辨是非。

事例中的这名小女孩值得称赞，她并没有因为妈妈的命令而放弃自己的主见，懂得通过自己的方法去抗争。

那么，正确的做法是什么？

第一步：把孩子当作平等的人，而非父母的附属品

承认孩子作为独立的个体存在，尊重他们的情绪、喜好，给予他们无限的关爱与包容。

改掉"孩子属于父母，他的一切都该由父母来控制、安排"的传统观念。孩子不是任何人的附属品，任何人都不能以爱的名义，剥夺孩子心智成长的机会。

孩子总有一天会长大成人，而父母也无法陪伴他们一生。外面的风雨，最终需要孩子自己去面对。健全的心智，是父母在这之前能给孩子的最好礼物。

一个从小到大所有事情都被父母安排好的孩子，长大后就无法学会独立。到了那时，再来抱怨孩子"啃老"，就为时已晚。

第二步：学会从孩子的角度来思考问题

就买书的这对母女而言，妈妈假若转变姿态，从孩子的角度来观察、感受，就会发现自己过于武断。

"换位思考"不仅应该存在于成人的世界中，放在亲子关系里更加有效。

妈妈认为更适合女儿的书，与女儿自己喜欢的书，这两者其实并不存在巨大冲突。但在当时，妈妈的态度是连看也不看就直接否定了女儿的选择，是在心里认定了孩子年纪小，选的书必然不如自己挑的。

如果换一种方式，妈妈将女儿的书拿过来仔细翻看，再告诉她两本书相比，哪一本更值得购买。相信这么一来，女儿就算放弃了自己选的那本书，也不会是屈从于妈妈的命令，而是认同妈妈的眼光，不会产生抵触情绪。

也或许，妈妈在仔细看过之后会发现，女儿选的书优于自己选的呢？女儿的眼光胜过自己，这正是一份妈妈独有的惊喜与骄傲。

不必武断、不必拒绝，先学会接受，就能发现孩子的闪光点。

第三步：学会跟孩子"商量"而不是"命令"

命令，不仅会让孩子产生负面情绪，还常常让父母进退两难，陷入一个没有回旋余地的死胡同里。

以下的场景，就能充分说明这一点：

"丹丹，快去做作业！"

"让我再玩一会儿嘛。"孩子拿着手里的玩具，爱不释手。

"赶快去，不然作业写不完。"这是父母的命令和担忧，可孩子正玩在兴头上，他们想不了那么远，只想先玩了再说。

"我告诉你，晚饭前必须把作业写完！"可随着孩子的不情不愿与磨蹭，这句话最终变成了一句空话，父母着急上火、反复唠叨，孩子却置若罔闻。

这样没有被执行的命令多了，孩子也就越来越不把命令当一回事。下次父母说的话，就更不会放在心上，成为一个恶性循环。

如果我们改用商量的语气，父母有退路，孩子有选择，何乐而不为呢？

孩子玩手机上瘾,这样做不行

"赵彤妈妈,最近赵彤玩手机的现象越来越频繁,今天还发现她偷偷带到了课堂上玩。"班主任打电话说,"这个现象,你们必须要想办法制止。"

"好的,谢谢老师,我们知道了。"赵彤妈妈连忙答应下来。

放学后,赵彤回到家,看见妈妈脸色严肃,就知道是在学校玩手机的事情被老师告诉了妈妈。她怯怯地走过去说:"妈,我知道错了,以后再也不敢了。"

"你还知道错了?同样的错误,你犯过多少次了?"妈妈痛心疾首地说,"马上就要中考了,你知不知道,这是你人生中最重要的考试?"赵彤默默低下了头。

"把手机交出来!"赵彤不情不愿地将手机拿出来,妈妈夺过手机说,"从今天起,不允许你再用手机。"

赵彤一听就急了:"妈,您不能没收我的手机!我保证,不在上课时玩就是,我需要用手机。"

"不行,你原先也保证过,一样没有做到。"妈妈的态度十分坚决,说,"你用手机做什么,还不是在上面看小说?"

"我也用手机定闹钟、背英语单词。"

"那也不行!"妈妈否定了她的要求,说,"我不再相信你了,你管不住自己。等中考结束后就把手机还给你。"

"你凭什么没收我的手机啊,那是我用自己的压岁钱买的!"

"我说不行就不行!"

母女之间,爆发了最严重的一次争吵。最后,妈妈仍然没收了赵彤的手机。

过了一周,赵彤妈妈在家里翻箱倒柜,赵彤爸爸见了问她:"你在找什么呢?"

"前两天我取了钱,准备去交下半年的物管费的,怎么就找不到了呢?我明明记得就放在柜子上面的。"

"有多少?"

"差不多两千的样子。"妈妈着急地说,"不可能是我记错了,我放在这里就去做饭,想着第二天就去把物管费交了,结果有事耽搁了就打算今天去,今天却无论如何都找不到了。"

爸爸也帮忙寻找起来,但找遍了整个屋子,也没有找到这些钱。于是,妈妈只好另外再取了钱去交物管费,但这笔钱放在自己家里怎么会丢?这成了埋在两人心里的一个疑问。

没过几日,妈妈就发现赵彤总是躲在房间里不出来,问她的时候总是说在写作业,但妈妈却发现有些不对劲。

"彤彤,吃饭了!"妈妈一连叫了好几声,也没听见女儿的声音,于是走进她的房间。

"妈,您怎么进来了?"赵彤连忙用书掩盖起手中的东西。但妈妈早已经看见了,虎着脸说:"别藏了,我都看见了!你哪里来的手机?快给我拿出来。"

赵彤瞬间吓得脸色发白,整个人都不敢动弹。妈妈走上前,掀开上面盖着的书,看到下面放着一部手机,生气地质问:"这怎么回事,哪里来的?!"

"我,我……"赵彤结巴了一下,说,"是同学借给我背单词的。"

"背什么单词?"妈妈指着还亮着的手机屏幕,说,"你明明就在看小说!彤彤啊,你要我说你什么好,还有两个月就中考了,你的心思怎么还不放在学习上。"

妈妈拿起手机，疑惑地问道："这么新的手机，你同学舍得借给你？"一个想法从妈妈的脑海里冒出来，她不可思议地瞪大了眼睛，"彤彤，上次妈妈不见的钱，该不会是被你偷偷拿去买手机了吧？"

赵彤没有说话，但她的反应说明了一切。妈妈极为震惊地说："彤彤，你什么时候变成这样了。偷钱、还说谎？"这件事，对赵彤妈妈的打击很大。她不敢相信，自己的女儿竟然会做出这种事情。

那么，我们能从中发现什么问题？
一、孩子玩手机上瘾，反射出背后真实的原因

在这个互联网时代，孩子玩手机已经不是个别现象，而是普遍现象。在不少场合，我们都能看见玩手机和玩平板电脑的孩子。

在家里、在餐厅、在咖啡馆，甚至在公园游乐场，都能看见抓紧一切时间拿着手机的孩子。而他们的父母，就在不远处和朋友们聊天，或者也在玩手机、电脑，无暇陪伴他们。这些父母认为，只要带着孩子一块儿出门，就是尽了陪伴的责任，却没有意识到，一块屏幕隔绝了亲子沟通，让孩子越来越沉迷于手机。

孩子用手机上瘾，通常有两种原因：

1. 从小就有使用平板电脑和手机的习惯，造成了孩子对手机的依赖。

手机上内容多样、颜色丰富、游戏体验好，孩子使用手机的时候就不会吵闹，因此部分父母习惯将孩子交给手机这个"电子保姆"。手机上有能帮助孩子学习的教育软件，也有五光十色的游戏，需要父母替孩子把关筛选，并进行时间管理。放任孩子自由使用手机，就会形成孩子长大后离不开手机的现象。

2. 没能让孩子培养出自己的兴趣爱好。

每个孩子的时间、精力都是有限的，如果他有了自己真正感兴趣的爱好，还有去玩手机的时间吗？答案一定是否定的。反之，孩子玩手机上瘾，就一定会耽误时间。

从小培养一项适合孩子的、他真正热爱的兴趣，不仅能丰富孩子的课余活动、精神世界，还能让他养成良好的时间分配习惯。

二、来自妈妈的不信任，让女儿产生逆反心理

在这个案例中，我们看到赵彤在学校玩手机已经不是第一次，所以妈妈才不再相信她，直接没收了她的手机，不允许她再使用。

妈妈或许觉得，这是对女儿犯错的合理惩罚，却忽略了她已经进入青春期，有了自己的需求与想法。没收手机的惩罚，只让赵彤迫切地想要再拥有一部手机，而忽略了妈妈真正想要她做到的事情。

赵彤在被没收手机的情况下，开始另外想办法。正好她看见了妈妈放在柜子上的钱，用这笔钱去买新手机的冲动占据了她的意识。赵彤知道这是件错事，当被妈妈发现时，为了掩盖这个错误，她不得不开始撒谎。

三、孩子缺乏内心的有效驱动

学习，是为了谁而学？这个问题，不少孩子没有想过，赵彤也许正是其中之一。

究其原因，正是孩子缺乏内心的驱动力。学习，不是为了父母，更不是为了老师，是为了自己的未来，为了将来能在社会上成为一个有用的人，同时也是为了自己能够拥有为之奋斗的事业、幸福美满的生活。

但是，很多时候我们却忽略了对孩子内心的灌溉，总觉得孩子还小，讲这些大道理他们也不懂。而事实上，只有发自孩子内心的驱动，才能使他们主动学习、认真对待学习。一次如果给孩子讲不明白，就讲第二次、第三次，他们总会懂得。

那么，我们在这样的情况下，应该怎么做？

第一步：客观分辨孩子偷钱的行为

偷盗，且金额不小，这一定是错误的行为。但是，我们需要冷静下来，仔细分辨赵彤这样做的原因，确定她是初犯还是惯犯。

未成年人，因为心智发育还不成熟，很多错误都是因为一时冲动而犯下。正是考虑到未成年人的特点，为了保护未成年人的身心健康和合法权益，才有了《未成年人保护法》。

很显然，赵彤偷钱并不是冷静思考后的行为，而是一时冲动。在她的逻辑里认为，既然妈妈能没收我的手机，而我的手机是用我的压岁钱买的，那么我拿了妈妈的钱去买一部新的手机，有什么不可以？

第二步：教育孩子正确认识盗窃罪

盗窃罪，在我国的法律中，至少处三年以下有期徒刑、拘役或者管制。根据情节轻重，或可成为刑事案件。

"彤彤，你知道你犯的错有多严重吗？"赵彤摇了摇头。

妈妈痛心疾首地说："小时偷针、长大偷金。你还没有长大成人，就开始偷金，且数量不小。"她将手机打开，查找到盗窃罪一项拿给女儿看。赵彤越看，脸色越白，她没有想到，这竟然是如此严重的罪名。

"妈妈，我该怎么办？"赵彤吓得掉下泪来，难道，她要去坐牢了吗？

"妈妈相信你不是故意的，"妈妈安抚着她的情绪，说，"你说说看，当时是怎么想的？"

"我……我看您放在柜子上的钱刚好够买一部手机，就……"她的脑子一片混乱，也说不清楚自己的动机。

妈妈替她说了下去:"就觉得妈妈没收了你的手机,你用妈妈的钱去买一部新的也理所当然是吗?"赵彤点了点头。

"其实,你心里也知道这个行为不对,是吗?否则,也不会偷偷瞒着我们这样做。"妈妈的话说到了赵彤心底,她当然知道做的是错事,只不过是替自己的行为找到了合理的借口而已,但她没有想到的是,这件事竟然是犯罪。

第三步:温和地告诫、坚定地警示,制定规则共同遵守

"妈妈不该没收你的手机,这件事是妈妈做错了。"赵彤妈妈诚恳地道歉。

赵彤惊讶地抬起头,她没想到妈妈会就这件事给她道歉。"妈妈,我也做错了,错得更离谱。"在妈妈的态度映衬之下,赵彤深深地感到羞愧,"我向您保证,再也不犯这样的错。"

"好,我相信你。"妈妈说,"但你要答应我,不只是这一次,从今以后你的人生,都不能偷拿任何人的财物,这是犯罪。"

赵彤认真答应下来,写了"悔过书"交给妈妈保存,两人还就使用手机的方式达成了协议:每天她能拥有一个小时自由使用手机的时间,其余时候都交给妈妈保管。

尊重，不是无底线地纵容

玲儿今年八岁了，她长相甜美，笑声如同银铃一般清脆，是被全家人疼爱的小公主。

"玲儿妈妈，下个星期有个拉丁舞比赛，你们参不参加？"舞蹈老师打来电话说，"玲儿学了一年半效果很不错，建议去试一下，感受一下比赛的气氛，同时也是一次很好的锻炼。"

在玲儿的身上，寄予了全家人的希望。还在幼儿园的时候，妈妈就给她报了各种兴趣班，她先后学过画画、小主持、钢琴等，可惜都没学多久，就因为枯燥的练习而放弃。拉丁舞去年才开始学，算是迄今为止坚持得最久的一个爱好。

"好的老师,我们知道了,让我先问一下玲儿的意见。"玲儿妈妈这样回答。在家中,秉着要"尊重孩子"的教育理念,妈妈凡事都会先征求孩子的同意。

"玲儿,老师建议你去参加比赛,你想不想去呢?"妈妈的话音刚落,玲儿就把头摇得跟拨浪鼓一样,拒绝道:"不,不去!"只要一想到要去和那么多人一起比赛,玲儿心里就觉得害怕。

"为什么不想去呢?"面对妈妈的询问,玲儿只是说:"不,我不想去嘛。"

于是,妈妈就给老师打电话:"老师,不好意思,这次的比赛我们不参加了。"

老师有些诧异地问:"这次比赛含金量很高,班里的孩子都参加。请问一下,你们是有什么事情耽误了,才不参加的吗?"

老师这么问,让妈妈有些不好意思,妈妈找了个借口支支吾吾地挂掉了电话。不参加,只是因为女儿不想参加而已。

这个学期结束后,妈妈准备给玲儿继续报拉丁舞的暑假班,玲儿却说:"妈妈,我不想学拉丁舞了。"

"又不学了?"妈妈问,"为什么呢?刚开始不是很喜欢吗?"

"每节课都要压腿下腰,又痛、又无聊。"玲儿嘟起粉嫩的嘴唇,说,"妈妈你不是说过,只要是我的想法,就会尊重我的吗?"

这的确是妈妈说过的话,妈妈顿时哑口无言。于是,这次的拉丁舞学习,再一次和其他的兴趣爱好学习一样,无疾而终。不过,本来也没有指望她能在这上面学出什么成绩,放弃也就放弃了吧,玲儿妈妈也没有放在心上。

后来,玲儿又参加了几个兴趣班,到最后因为学习压力增大,干脆就放弃了兴趣爱好的培养,集中注意力学习校内课程。

但令妈妈苦恼的是,随着年纪增长,玲儿的成绩每况愈下。到了五年级时,她竟然成了班上后十名之一。

玲儿妈妈不明白,她尊重孩子的选择、想法,替她创造更多机会,对孩子不打、不骂,却怎么没把女儿养好呢?

到底是哪里出了错?

一、教育观念过于片面,缺乏全局观

在互联网如此发达的现代社会,各种资讯铺天盖地而来。作为一名家长,每天会在不同渠道接触到各种如何养育孩子的理论、观点、方法,而这些资讯都有一个过于碎片化的共同点。

教育,是一个体系,不能抓住其中一点就开始实践。当接触到一个让我们十分认同的观点时,我们需要做的不是马上开始实践，而是进行深入了解、多角度分析，全面了解其教育理论体系，才能获得全局观，杜绝片面、偏颇。

二、尊重，不等于放纵

尊重孩子并没有错，孩子是我们的孩子，同时也是一个独立的、具有自我思想意识的个体。只有充分地尊重孩子，才能让孩子获得发展的空间，具备独立思考的能力。

但在玲儿这里，妈妈的"尊重"反而成了她的挡箭牌，成了她逃避、偷懒的借口。最后，这份尊重变质，成了放纵，及对孩子的不做要求。

孩子尚未成年，父母有正确引导的责任、义务。孩子天性贪玩，而学习的过程总是枯燥而乏味的，当孩子想要放弃时，父母应该想方设法鼓励孩子坚持。

尊重孩子，并不是孩子想做什么就做什么。一味地让步与迁就，只会让孩子成为一事无成的人。

三、并未设立原则与底线

尊重，要有原则，不可无底线地放松要求。

在玲儿学习任何一项兴趣时，妈妈并没有想好让她学习的目的。换句话说，玲儿妈妈自己都不明白，她心里的底线是什么。妈妈的心里没有方向，孩子当然就更没有目标。

是先让女儿广泛尝试，最后选择一两项进行重点培养呢?还是每一样都浅尝辄止,目的只是丰富女儿的见识?或者是想要让孩子赢得奖项,获取更专业的资历?

不管是哪一项,父母都需要思考,不可让孩子盲目地开始学习。当确定了目标之后,就知道了学习的原则,也明白了底线在哪里。父母应当告诉孩子,并引导孩子遵守,当孩子触及底线时,应该温和而坚定地告诫,同时鼓励孩子朝着原有目标前进。

四、遇到困难就逃避,未能培养孩子坚持不懈的精神

从幼儿园起,孩子就会接触各种各样的艺术类兴趣爱好。培养孩子的兴趣,目的并非让孩子一定要朝着这个方向发展,而是通过学习发现孩子潜在的天赋,从而让孩子获得一两项课余兴趣。

然而兴趣班也是学习的一种,付出才能有收获。在玲儿妈妈看来,既然孩子觉得累想要放弃,那放弃就好了,她并不会在意。

但对孩子来说,不断地放弃让玲儿养成了一个遇到困难就想逃避的习惯。这样的坏习惯,不只是无法让玲儿培养一项长期坚持的兴趣,也让她在主要学科的学习上容易放弃,她的学习成绩自然不可能好。

在教育孩子时,家长们需要把握好尺度,不偏不倚。具体到玲儿的案例中,我们可以这样做:

第一步:帮助孩子确立目标

在玲儿开始学一项兴趣之前，父母帮助她一起明确学习态度、梳理学习目标。

就以拉丁舞为例，玲儿能获得老师的赞扬，拉丁舞也是玲儿坚持得最久的一项爱好，证明她对学拉丁舞有兴趣、有天赋。

在这样的前提下，如果父母能提前给玲儿制定目标，并鼓励孩子朝着这个目标不断前进，持续取得阶段性的成果，就能让孩子在学习拉丁舞上取得一定成绩。

练习是枯燥的、坚持是乏味的，但当孩子通过考级测试时、在比赛上获得奖项时，孩子就能获得巨大的成就感。这种通过自己努力达到目标的兴奋，再加上父母的鼓励，足以支撑着孩子迈向下一个目标。

第二步：明确孩子必须遵守的原则和底线

作为父母，在教育孩子的时候，首先我们自己要在心里设定原则和底线，并告诉孩子，要求孩子遵守。只有当家长做到心里有数，孩子才能知道自己的努力方向。

当孩子出现问题的时候，我们就能加以分析，这是触犯了底线的原则性问题，还是阶段性的错误？如果是原则性问题，必须严肃地告诫孩子，并让孩子承担相应的责罚。

成年人要为自己所做的事情承担后果，孩子同样也需要，不要因为年纪而放松对孩子的要求。

第三步:培养孩子凡事都需努力坚持的精神

不仅仅是学习,任何事情都需要坚持。当坚持成了习惯,孩子将受益终生。

就玲儿的现状来讲,急需解决学习成绩下滑的问题,我们可以从以下三点着手:

1. 从生活中的小事做起,培养孩子做事情有始有终的习惯。

在生活中,完成一次拼图、洗好一件衣服、看完一本书……都要求孩子做到有始有终,不可半途而废。

在开始前做好准备、定好目标,一旦开始就不可中途放弃。将每一件小事都作为一次训练来对待,让每一次训练都获得相应的效果,一直叠加下去,孩子就会清楚父母对她的要求,并最终养成坚持的习惯。

2. 分析孩子的试卷,找出造成低分的原因。

对错题进行分析,是因为知识点没弄懂而不会?还是原本会做,却因为马虎大意而丢分?

丢分的原因很多,父母帮助孩子养成分析试卷的习惯,让孩子明白她容易犯错的地方。此外,让孩子抄录错题,形成一本错题集,进行难题攻克与复习。

3. 针对性地解决孩子在学习上遇到的困难。

当我们知道了原因,就能对症下药。

知识点没弄懂,就重新让孩子过关;马虎粗心只是表面现象，真实的原因是同类型题练得不够，孩子需要加强练习；书写不过关，就让孩子练习硬笔书法。

对症下药，并持之以恒，孩子的成绩就会慢慢好起来。

孩子，你不笨

在心理学上，有一种著名的罗森塔尔效应，又称"皮格马利翁效应""人际期望效应"，是一种社会心理效应，指别人对我们的期待会影响我们的行为，同样，我们对自己的期待也会产生相应的结果。

专业的心理学词汇对我们来说很遥远，也很陌生，但在实际生活中，它们却常常在不经意间被人们运用。

陈颖从五岁半开始学钢琴，到现在已经坚持了整整六年。通过了钢琴八级的测试，并获得大小奖项十余个，认识她的人都赞她是个有天赋的孩子。

只有陈颖的妈妈知道，在刚开始学琴的时候，女儿因为在音乐上并没有天赋，上课进度缓慢，曾经被劝退过好几次。

"妈妈，我真的很喜欢弹钢琴，"陈颖的眼里闪着泪光说，"是不是我太笨了，为什么都没有老师愿意教我呢？"

看着女儿沮丧的样子，陈颖妈妈想方设法，终于替她找到了一名愿意教她的钢琴老师，并和老师提前沟通好了教育方式。

"孩子，老师说了，你在弹钢琴上很有天赋，只是没有遇到合适的老师。"下课后，妈妈这样告诉女儿。

"真的吗？"第一次得到肯定，陈颖惊喜得不敢相信。妈妈肯定地点点头，说："当然是真的，难道妈妈还会骗你吗？"

陈颖开心地在原地转了好几个圈圈，快活得就像要飞起来的小鸟。

在老师教过的学生中，她不是进步最快的，更不是天赋最好的，却是学得最扎实、练习得最刻苦的。对老师布置的作业，别的孩子练习半个小时，她练习一个小时；别的孩子学一首曲子用三节课的时间，她用五节课。

"妈妈，为什么别的孩子都开始学下一本书了，我还在学现在这本呢？"

面对女儿的疑惑，妈妈耐心解答："因为老师说你弹得特别好听，想听你多弹几遍。"就这样，她在妈妈的鼓励下,一步一步踏踏实实地学,直到有一天,老师说她可以去参加一个全国范围的钢琴比赛。

"真的可以吗?"陈颖妈妈紧紧地握着手机,不敢相信这个好消息。女儿喜欢钢琴,但她却十分清楚女儿并没有钢琴天赋,鼓励女儿坚持,是因为她不忍心看见女儿失望沮丧,并没有想过她真的能达到去参加钢琴比赛的地步。

钢琴老师在电话那头笑着说:"真的,陈颖练习刻苦,曲子弹得比其他孩子还要好,她现在的水平完全可以参加这个比赛。"

"孩子,老师跟妈妈说,你学到现在已经激发了所有的钢琴天赋,老师让你去赛场上拿一个奖项回来。"陈颖兴奋地点点头,按老师的要求,认真准备参加比赛的曲目,成功捧回了第一个奖杯,从此一发不可收拾。

陈颖并没有音乐天赋,却取得超乎想象的成绩,为什么会发生这样神奇的事情呢?

一、妈妈在无意间,运用了罗森塔尔效应

陈颖妈妈并不知道什么叫作罗森塔尔效应,但是她在孩子的教育中却进行了最好的实践。陈颖没有音乐天赋,老师心里清楚,妈妈也知道,但面对孩子满满的热爱,妈妈换了一种表达方式,肯定孩子有天赋,只是需要特殊的教学方式。

妈妈的话孩子不会怀疑，陈颖相信了妈妈所说的话，接受了自己与众不同的心理暗示。在学习钢琴的过程中，她始终用这样的标准来衡量自己，对老师布置的练习作业精益求精，最终超越了同期学钢琴的孩子。

这不是奇迹，这是被验证过的实验。在1968年，科学家来到一家小学，以进行"未来发展趋势测验"的名义，测试了十八个班的学生，并最终提交了一份"最有发展前途者"的名单给校长和老师，并叮嘱他们保密。八个月后，科学家再次来到这家小学，对这十八个班的学生再次进行测试，所有名单上的学生都获得了较大进步，而这份名单，其实是科学家随机抽取的。

一份随机的名单，通过科学家的权威认证，为什么就能达到类似奇迹的效果呢？

这份名单，就是科学家对老师进行的心理暗示，让老师从心里认为这批学生有发展潜力，对他们抱有更高的期望，从而影响到老师对他们的教学方式。这些隐含的期望被学生感受到，并积极反馈，从而形成了良性循环，最后让期望成为现实。

二、妈妈对孩子毫无保留的支持

陈颖取得的成绩，背后最大的功臣是她的妈妈。

当她想学钢琴时，妈妈认可她的热爱；当她因为缺乏天赋被劝退时，妈妈没有打击她的信心；当她缺乏老师时，妈妈想尽办法解决这个问题；当她进度缓慢时，妈妈鼓励她。

对陈颖妈妈来说，放弃比支持女儿学习这项她原本没有天赋的兴趣要容易得多。但陈颖妈妈并没有这样做，而是坚定地站在女儿这一边，替她想办法解决问题，支持她、鼓励她。

正确的事，我们不妨对孩子多一些支持，或许会收获到意料之外的惊喜。

三、孩子发自内心的热爱，是最佳的动力来源

兴趣是最好的老师，热爱是最佳的驱动力。当孩子同时具备这两样的时候，她就能取得好成绩，陈颖就是最好的例子。

只要对一件事产生兴趣，并抱着一定要做、势在必行的决心，这件事的成功率在无形间就增加了很多。

当心中有热爱，在遇到困难挫折的时候，就能用内心的力量克服阻碍，一路前行。

在教育实践中，我们也能借鉴陈颖妈妈的做法，运用罗森塔尔效应让孩子成为优秀的人。

第一步：避免罗森塔尔效应的负面效应

"你们是我带过的最差的一届"，老师这样说，原本是为了刺激学生积极上进，但却会造成学生破罐子破摔的现

象。就像父母总是对孩子说"你看隔壁家的谁谁谁,你怎么就不如他",说得久了,就会让孩子产生自暴自弃的心理状态。

老师和父母的出发点都是好的,但是结果并不如意。

期望会影响孩子的行为,同样这种打击性的语言,也会给孩子带来负面效应。

罗森塔尔效应是一把双刃剑,用得好能激励孩子前行,用得不好会让孩子陷入"你说我不行,我就不行给你看"的恶性循环中去。

第二步:杜绝消极性语言、对孩子的负面评价

每个人都渴望被肯定,被肯定对孩子来说更重要。以下几句话,我们一定不能对孩子说:

1. 你不行。
2. 这么简单你都不会。
3. 你怎么这么蠢?
4. 我说了多少次了,你怎么就是听不懂?
5. 我真是白养你了。
6. 你这个废物!
7. 这有什么难的?
8. 笨手笨脚的,你说你能做什么。
9. 你看谁谁谁多聪明!
10. 算了,反正我说了你也不懂。

来自父母的否定，将严重打击孩子的自信。孩子年纪幼小，无法领会这些话语背后蕴含着的爱意。

这样的语言，只会让孩子产生一种父母认为自己不行的错觉，觉得自己真的不行，不如别的孩子聪明能干，最后陷入自卑的情绪中。

第三步：传递给孩子积极的期望

热切的期望，能让孩子感觉到来自父母的爱意与殷切盼望。在这样的情感联结中，孩子会接收到正面的能量，内心会充满前进的力量。

就像陈颖妈妈所做的一样，面对女儿的挫败，她始终用正面的语言去肯定她、鼓励她。陈颖在妈妈这里汲取到力量，才能面对客观存在的困难，做到坚持不懈、刻苦练习，最终取得了意料之外的好成绩，获得了人们的肯定。

第三章

与时俱进,做学习型父母

　　我们正处于一个飞速发展的时代,每一天都日新月异。人们享受到便捷的互联网,拥有更快更好的通讯方式,日常使用的物品也在不断地更新换代,有的则彻底消失在历史的滚滚洪流中。

　　同时,随着教育制度的不断变革、九年制义务教育的普及,参加高考的人数一年比一年多,整个学习环境的竞争压力加剧。从幼儿园开始,到小学、初中、高中,孩子会面临一系列的考试,导致家长们陷入重重焦虑之中。

　　只有与时俱进,做学习型父母,才能真正地释放压力、缓解焦虑,才能在教育上遇到问题时及时解决,将自己的孩子教育成能为社会做贡献的人才。

改掉"我们是为你好"的口头禅

放学了,妈妈守在学校门口,看见女儿王欣怡走出校门,连忙走上去说:"快点儿跟我回家,我们换件衣服就去见谢老师。"

"妈妈,我不想去。"王欣怡不情愿地说。

"快走!"妈妈并没有理会女儿的意愿,拽着她的胳膊说,"妈妈约了六点半跟谢老师一块儿吃饭,让老师好好见见你,别迟到了。"

王欣怡从妈妈的手里挣脱出来,说:"妈妈,我真的不想去。"

妈妈这才惊讶地看着女儿问:"为什么?你难道不知

道，谢老师有多难约吗？为了你，我托了好几个人才约到她，妈妈也是为了你好。"

"可是妈妈，我并不想学合唱。"王欣怡苦着脸说，"我已经跟您说过好多次了。"要见谢老师的事情，妈妈并不是第一次跟王欣怡说，但每一次，王欣怡都表达不想去的意愿。

"你在学校的合唱团明明唱得很好，谢老师是全市最好的声乐老师，她带的合唱团获得过国际奖项，经常代表本市参加各地的比赛。"妈妈自顾自兴奋地说着，"只要你能进这个合唱团，考初中时就能获得额外加分。你想想，这是不是天大的好事！"

妈妈说了那么多，王欣怡却一直兴致缺缺，妈妈摸着女儿的头说："傻孩子，妈妈这都是为了你好啊！这个合唱团，好多人削尖了脑袋都想挤进去。"

王欣怡闷闷不乐地踢了踢路边的小石头，在心里默默说：那么多人想去就让他们去啊，反正我不想去。但她并没有说出口，因为她知道说了也没用，妈妈也不会听她的意见。

到了谢老师家，一切都进行得十分顺利。王欣怡的声音条件很好，是块学合唱的好料子，谢老师见了十分满意，将她收入合唱团中，妈妈的心里总算放下了一块大石头。

合唱团每周上两次课，平时需要家长督促在家练习。

妈妈十分重视王欣怡在合唱团的学习，每次上课，都会将王欣怡送到合唱团，一直等着上课结束后，接她一起回家。在家里，每天都要求她进行半个小时的训练。

谢老师对王欣怡说："孩子，你看妈妈为你付出了这么多，你一定要好好学。"

"老师，我知道的。"

大半年后，谢老师跟妈妈说："下个月我们有一场重要的比赛。你让王欣怡好好准备一下，周末我们会进行内部选拔，通过后就能去。"妈妈喜出望外，连连答应。

在饭桌上，妈妈给女儿夹了一筷子菜，说："欣怡，谢老师跟你说了吗？这个周末有一个内部测试，你一定要通过啊！"

王欣怡没精打采地点点头，拨弄着碗里的饭菜说："嗯，我知道了，老师说过了。"

"乖女儿，我打听过，别人家的孩子都得进合唱团一年以上才能有这个机会，看来谢老师特别看重你。"

"妈，我吃饱了，我去写作业。"王欣怡看着面前的饭菜，瞬间没了胃口。

"这孩子，才吃这么点儿。"妈妈收拾着碗筷，喜滋滋地跟王欣怡爸爸说，"看看，我说什么来着？就该让她进合唱团吧，多好的机会啊，老师又看重。"

接下来几天，王欣怡都胃口不好，看上去没什么精神。

到了合唱团内部选拔的那天,她干脆肚子痛了起来。

"这是怎么回事?"妈妈急得原地打转,说,"怎么就这么巧!赶在了这一天。"

"别说那么多了,赶紧收拾东西,带欣怡去医院看病。"爸爸看着痛得在床上打滚的女儿,连忙说,"孩子的身体要紧,别管什么选拔了!"

"可是……"妈妈十分犹豫,这个机会十分宝贵,她不想错过。

"别可是了,快走!"

到了医院,医生并没有检查出具体症状。一上午过去后,王欣怡的肚子突然就不痛了,竟然不药而愈。

这样奇怪的情形,究竟是怎么回事呢?
一、妈妈一心替孩子打算,却罔顾孩子的意愿

毫无疑问,王欣怡妈妈有着一颗赤忱的爱女之心。她为孩子打算,替女儿铺好了路,并且找好了最合适的老师。只要王欣怡按照妈妈给她规划的方向前进,她有很大概率能顺利考上理想的初中。

只是,这条路,并不是孩子自己选择的,妈妈并不知道孩子想要的是什么。

王欣怡曾经多次表示,她不喜欢学合唱,但妈妈仍然我行我素地替她规划,丝毫没有考虑孩子的情绪。但孩子不是机器，给予她一个指令她就能去完成。

她喜欢吗？她感兴趣吗？她愿意去做吗？没有人问她，妈妈只告诉她，这都是为了她好，只需要她乖乖照做。

在网上曾经看见过一句话，有人说，孩子笑着练琴和哭着练琴，效果都别无二致。更可怕的是，竟然还有不少人赞同这个观点。不顾孩子心情，强行制定计划，就算练习效果一致，孩子的内心难道就没有受到伤害吗？

此外，父母现在能替孩子铺路，等孩子成年之后呢？帮得了一时，能帮得了一世吗？孩子不是父母手中的傀儡，终有一天，她将独自面临风雨。而我们能做的，就是在这之前，教会孩子对抗风雨的能力。

二、"妈妈是为了你好"这句话并不是教育中的通行证

虽然父母是为了孩子好，但"是为了你好"这句话，并不能成为我们在教育中通行无阻的证件。我们不能以爱之名，行控制孩子之实。

"为了孩子好"不等于孩子必须听我们的，我们不能一边说着"为了孩子好"，一边剥夺孩子的自主选择权，让孩子成为温室里的花朵。

什么才是真正为了孩子好？充分尊重孩子的意愿，不束缚孩子对生活本身的渴望，引导、教育孩子积极向上，激发孩子内心深处的热爱，孩子才会真正受益。

三、先天优势并不等于孩子能学好

每个孩子,都是独一无二的,具备特有的天赋。但拥有着这样的优势,并不等于孩子就一定能学好。

在这个案例中,我们不知道为什么王欣怡不想学合唱。也许是因为她自己无论如何就是不喜欢,也许是一直以来妈妈给予的压力令她产生了抵触情绪。

进入合唱团,接受老师的教导,对妈妈来说是件天大的喜事,但对孩子来说却是不得不面对的现实。

明明是学习一项兴趣爱好,却成了妈妈用来辅助升学的工具。迫于无奈的王欣怡,听从了妈妈的安排,却无法投入热情。这样的心态,注定了王欣怡就算拥有先天优势,也无法学好的后果。

四、孩子受到的压力会通过身体表现出来

在内部选拔赛这一天,王欣怡突发的肚子痛,正是她所承受的压力的外在表现。

她发自内心地不愿意去参加这次的选拔,强烈的精神愿望,让她产生了肚子痛的感觉。在这之前,她就有了厌食的症状,这并非孩子装病,而是压力太大所致。

在寄宿制的学校中,就常见这样的病症。孩子不愿意住校,于是一到学校就会头疼肚子痛,只要回家一切症状都会消失,这和王欣怡的症状表现一模一样。

遇到孩子出现类似症状时,我们不要怀疑孩子装病。

先带孩子去看医生,再去寻找让孩子精神紧张、压力巨大的源头,并设法解决。

作为父母,在遇到这么好的机会、孩子又具备这方面的天赋时,替孩子着想并没有错,但需要考虑孩子的情绪,不能强压。

我们在遇到相同的事情时,正确的做法是:

第一步:循循善诱,培养兴趣

我们希望孩子去学合唱,正确的做法绝不是在孩子耳边唠叨这件事能带来怎样的好处,不要让兴趣的培养蒙上功利化的色彩,本末倒置。

家长必须端正态度,以培养孩子兴趣、发掘孩子天赋为主要目的,升学加分只是附加收益。

既然孩子有这方面的天赋,我们可以通过带孩子去看合唱团的演出等方式来引起她的注意。闪亮的舞台,洋溢着自信的表演,相信能让孩子产生兴趣。

"想上台吗?老师说你的天赋很好,只要好好学就能像她们一样站在舞台上给大家表演。"这样的话,是不是就比"妈妈是为了你好"更能让孩子想学呢?

第二步:用成就感来激发孩子的热爱

当孩子开始学习后,我们也不要过于急切地想要达到目标。过高的期望,只会让孩子产生压力,并不会对她的学习有任何帮助。

任何学习,都需要扎扎实实地打好基础,最后才能走得更远。我们需要做的,是协助孩子制定阶段性目标,如一个比赛奖项、一次考级。在刚开始的时候,不要太在意比赛的含金量,让孩子获得在舞台上的锻炼机会,获得肯定,才能激发孩子内心深处的热爱,才能让孩子用热爱来应对枯燥乏味的练习。

第三步:给孩子相对自由宽松的环境

当孩子开始学习后,她最需要的是坚持,而不是压力。

我们需要了解孩子上课时的情况、学习进度,监督日常的练习,保持和老师的沟通。但切忌采取紧迫盯人的方式,要留给孩子喘息的空间,让她有思索的余地。

劳逸结合,才能事半功倍。家长要善于引导,不要怕给予孩子自由。

具体到王欣怡的这个案例中,我们可以这样做来进行弥补:

第一步:先让孩子放松下来,消除她身上的压力

鉴于她已经产生了强烈的抵触心理,可先暂停合唱团的学习,采取培养兴趣的方式,消除功利化带来的影响。

第二步:告诉孩子父母对她的爱

父母对孩子的好,来源于对孩子的爱。王欣怡妈妈替孩子打算，也是为了让她未来能够顺遂。但是，很多时候我们都忘记了告诉孩子，我们是爱她的。让孩子感受到爱，有利于亲子沟通，会让孩子有安全感。

第三步：改掉"妈妈是为你好"的口头禅

将这句话换成"妈妈觉得这样是为你好，你能做到吗？"这不是说话技巧，而是家长要学会换位思考，从孩子的角度来思考问题。当孩子感受到了妈妈的心意，她一定愿意再次进行尝试。

孩子犯错，该这样处理

临近春节，正是走亲戚的时候，晓雪跟随妈妈到亲戚家做客。许久没见面的人们相聚在一起，好几个孩子在客厅里笑闹玩耍着，气氛分外热闹。

晓雪和两个堂姐妹在书房里玩躲猫猫的游戏，前两次她都被人找到，这次她看着拉开的落地窗帘灵机一动，躲到了厚厚的窗帘后面。晓雪今年才六岁多，小小的身子藏在窗帘后面，被遮得严严实实。

"晓雪，晓雪，你在哪儿？"听见堂姐的声音，晓雪心底冒出兴奋的小泡泡，她们找不着我！晓雪小心翼翼地缩起脚，确保外面看不见她。

又过了几分钟,堂姐的声音再次传来:"好吧,我们认输了!晓雪你快出来,下次轮到你找我们。"

晓雪开心极了,猛地一下掀开窗帘从里面蹦出来,大声喊:"哈哈哈!我在这儿!你们找不到我吧?"

只是这份开心并没有持续多久,在下一个瞬间,她就听见"哗啦"一声脆响。晓雪循声望去,只见一个花瓶摔碎在地上。那个花瓶放置的位置挨着窗帘,晓雪出来的时候由于动作太大,厚重的窗帘将花瓶刮倒。

"怎么了?"两个堂姐妹赶到,看见这一幕脸色顿时吓得发白,晓雪更是浑身僵硬地站在那里。"怎么办?"三个小女孩站在那里,手足无措。幸好外面的人多,又有电视的声音混杂在一起,没有人听见这里发生的事。

过了一会儿,堂姐率先反应过来,回身将门关好,看着晓雪说:"我们把花瓶的碎片给藏起来吧,这样就没人知道是你摔碎的了。"

晓雪努力镇定下来,拒绝了堂姐的提议,说:"不,这是我摔坏的,我去告诉妈妈。"

"晓雪,你怎么能这样?"堂姐觉得自己的一片好心被她辜负,十分不高兴,拉着妹妹的手说:"哼,我们走。"说完,两人就打开门走出去,"嘭"的一声甩上门。

晓雪看了一眼地上的陶瓷碎片和关上的门,眼眶里蓄满了泪水。她吸了吸鼻子,走出书房找到了妈妈。妈妈正在和别人聊天，发现了晓雪的神态不对劲，连忙蹲下身子看着她问："晓雪，你怎么啦？"

"妈妈，对不起，我刚才在玩躲猫猫的时候，不小心把花瓶摔碎了！"晓雪睁着泪眼，有些胆怯地看着妈妈，等着妈妈的责罚。

没想到，妈妈并没有责怪她，紧张地牵着她的手看了看："你没事吧？有没有受伤？"

"我没事，可是……花瓶碎了。"

妈妈这才松了一口气，牵起晓雪的手说："在哪里？带妈妈去看看。"

到了书房，妈妈看着地上摔碎的花瓶，晓雪说了事情经过，认错道："妈妈，我错了，我不该那么不小心。"认完错，她惴惴不安地想：妈妈这下会发火了吧？自己要是能小心一些就好了，这还是在别人家里做客呢。

妈妈摸着晓雪的头说："没关系，花瓶摔碎了我们可以赔偿，幸好你没有受伤。你去找扫帚和垃圾桶来，把碎片先扫了。"这么多人在这里做客，要是有人突然进来，很容易受伤。

晓雪乖乖点头应了，找到工具拿进来，妈妈就在一旁看着她扫碎片，对她说道："晓雪，你仔细些，别有遗漏了。"

这时，晓雪的大姨走到门边，看到里面的情形说：

"哎，你怎么让孩子扫地呢？晓雪快让开，让大姨来。"

晓雪妈妈笑着拦住她，说："晓雪可以的。花瓶是她打碎的，当然应该她自己收拾。"

"孩子还小呢，万一伤着了可怎么办？"

"没关系的，有我看着呢。"晓雪妈妈说，"在家里，晓雪也经常扫地的。对了，花瓶多少钱，我赔给你。"大姨正是这家的主人。

"都是亲戚，说什么赔钱呢，太见外了！"大姨连连推拒。

正在扫地的晓雪抬起头来说："大姨，妈妈说每个人都要承担责任。花瓶是我摔碎的，我用压岁钱来赔。"

"这孩子，怎么就这么懂事呢！"晓雪的话，让大姨连连赞叹不已。

孩子犯错常见，但犯错后勇于承认错误、承担责任的不多。发现自己犯错后，人们的第一反应通常是逃避，这是人之常情，无可厚非。晓雪只是一个六岁的小女孩，她为什么能做到呢？

让我们一起来分析一下，她的妈妈是怎么教导她的：

第一步：第一时间表达爱意

当女儿告诉妈妈她摔碎了花瓶后，妈妈第一时间是关心女儿有没有受伤，而不是追问事情的经过，这是爱意的表达。

事情发生后,孩子会感到慌张害怕。如果在这时,妈妈的情绪激烈,势必会影响到孩子,会让孩子感觉到自己所恐惧的正在成为现实。对孩子来说,父母是与她关系最亲密的人,父母的态度影响着她的情绪。

如果这次被责罚,那么下一次,她再遇到同样的事情时,就不敢实话实说,反而会想办法遮掩犯错的事实,这样她就学会了撒谎。

在这里,并不是说孩子犯错后我们不能批评。孩子犯错,我们当然要批评,但在批评之前,要让孩子感受到爱、让她有安全感。

第二步:安抚情绪,让孩子告别恐惧

摔碎了花瓶,在孩子心中可能是一件天塌下来的大事。在孩子的世界里,这样的意外不常发生,花瓶摔坏的后果也令她感到恐惧。这份恐惧,需要家长及时安抚。

"幸好你没有受伤",这只是一句简单的话,却能让孩子感到来自妈妈的关怀,让孩子感到自己远比一个花瓶来得重要。

在成年人看来,这的确不是一件大事,但对孩子来说,这件事将会记忆深刻。妈妈的处理方式,甚至能影响孩子的一生。

这份由妈妈给予的安全感,将会成为晓雪心里的底气,成为她的勇气和自信的来源。

通过这个案例,我们可以看到妈妈对晓雪的教育无疑是成功的。正是因为相信妈妈,晓雪才拒绝了堂姐的将花瓶碎片藏起来的提议,选择了向妈妈承认错误。

第三步:让女儿承担后果

不责骂,并不代表晓雪没有犯错。妈妈用实际行动让女儿知道,当做错一件事后,该怎么承担后果。

面对哭泣的女儿,妈妈没有让步,也没有责罚,带着女儿冷静地处理问题,清扫碎片并赔偿花瓶。

年纪小,并不是逃脱责罚的借口。正是因为年纪小,才要在她幼小的心灵中建立起明确的是非观。通过让孩子承担责任来增强她的责任意识,孩子才能吸取教训、迅速成长。

每个人都会犯错误,孩子是在犯错误中成长,还是用撒谎掩盖错误,关键在于家长的教导。

在这个案例中,家长朋友们能通过以下三点借鉴受益:
一、和孩子保持良好的亲子关系

很明显,晓雪和妈妈的关系非常好。这让孩子在遇到困难的时候,首先想到的是去求助妈妈,这和妈妈平时对晓雪的精心教养分不开。

怎样才能增进亲子关系?在这里和大家分享八个小

技巧：

1. 有话慢慢说，遇事做到平和冷静。
2. 站在孩子的角度思考。
3. 明确告诉孩子你的要求。
4. 在适当的时候赞美孩子。
5. 父母学会说"对不起"。
6. 做好榜样。
7. 倾听孩子的心声。
8. 让孩子感到被爱。

二、掌握与孩子有效沟通的方法

沟通，是让双方都达成共识的方法，而不是"你说我听"，更不是"你必须听我的"。

在发生分歧时，就需要沟通，但家长一定要记住，沟通并不是说服的过程。强压着孩子点头，不代表孩子就从心里认可，下次遇到同样的事情时，孩子仍然会按照自己的方法去做。只有让孩子发自内心地认同，才是真正的有效沟通。

有效沟通的态度：平等。

放下作为长辈的权威姿态，和孩子站在同一个水平线上，进行平等沟通。就像晓雪妈妈所做的一样，蹲下来，看着女儿的眼睛，让孩子感受到你的真诚。

只要掌握有效沟通的方法并运用在实际的生活中，当遇到事情的时候，也能和孩子保持良好沟通。

三、当孩子犯错时，首先要处理的是情绪而不是事件

为什么说排在第一位的是情绪？因为只有当孩子的情绪稳定下来后，她才能去思考自己错在什么地方，从而达到反省自身、吸取教训的效果。

接纳情绪、安抚情绪，让孩子在父母身上寻找到安全感，然后才是处理事件。

如果在这个时候，妈妈采取大声训斥的态度，只会加剧孩子的紧张，她就会将所有的注意力集中到害怕、恐惧的情绪上。

妈妈大声喝问："知道错了吗?!"孩子害怕地小声回答："知道错了。"这样的沟通，是完全无效的，孩子只是因为害怕而赶紧回答，并没有经过思考，更不知道错在哪里。

向孩子学习优点,共同成长

父母经历的事情比孩子多,见识多、经验多。但这并不代表着,在孩子的身上就没有值得我们学习的地方。相反,在很多时候,孩子常常能带给成年人启迪。

要做学习型父母,首先要学习的对象就是我们的孩子。孩子接受着最先进的教育,用纯粹的心灵打量世界,用干净的眼睛发现美好,向孩子学习,能让我们跟上时代的洪流。

妮妮马上就要上小学了,为了让她轻松愉快地开启小学的新生活,爸爸安排了这个暑假全家一起到成都旅游的计划。

到了天府之国，舒适的气温、清凉的天气让一家三口都极为惬意，妮妮更是兴奋不已。到熊猫基地看过了大熊猫，参观了三星堆，一家人来到了有"天下秀"之称的峨眉山。

"妈妈您看，那只小猴子好可爱！"妮妮指着道路旁边的一只小猴子，高兴地说着。这还是她第一次在动物园外看见活蹦乱跳的猴子。妮妮的父母相视一笑，看见女儿这么高兴，他们的这个旅行计划就完全值得了。

为了看金顶佛光，他们在半山腰住了一夜，第二天很早起床，准备坐索道上山。相同打算的游客还有很多，索道的入口前排起了长长的队伍。

"妮妮，累不累？"爸爸关心地看着女儿问着。

妮妮摇了摇头说："不累。"

队伍缓慢地向前蠕动着，渐渐地天边隐隐泛起了蓝色的光亮。排着队的人们因为担忧赶不上看日出佛光，开始焦躁不安，有好几个地方因为小摩擦而发生了口角。

"妈妈，他们怎么在吵架？"妮妮问。

妈妈看了眼天色和前面的队伍，压抑住心底的焦急安抚妮妮说："没事，应该是发生了什么误会。"

爸爸给妈妈使了一个眼色，从背包里拿出一副扑克牌说："妮妮，我们来玩扑克吧！"

妈妈接过扑克牌，笑着说："对啊，我们可以玩

24点。"

当妮妮一家人抵达金顶时,已是旭日初升之际。金色的阳光洒满了整片云海,东方的朝霞红得似火一般,热烈而璀璨。

"哇,好漂亮呀!"妮妮忍不住伸出双臂,想要拥抱眼前这片美景。

妈妈十分遗憾地叹了口气,说:"可惜了!这么好的天气,我们要是能早点儿上来,就能看见日出了!说不定,还能看见佛光呢。"

"妮妮,你知道吗,峨眉山顶的佛光十分罕见,能看见的人都能有好运。"错过了这次机会,下次还不知道什么时候再来。

"妈妈,没关系的!"妮妮脆生生地说,"您看,朝阳不是很漂亮吗?这是我见过最美的日出了!"她闭起眼睛深深地呼吸了一口山顶的空气,嘴边荡漾起一抹甜美的动人微笑。

这不是日出,只是朝阳。但妈妈被妮妮的神情打动,忘记了去纠正她的话。闭目微笑的妮妮沐浴在阳光中,就是世界上最美好的一幅画。

爸爸笑着拍了拍妈妈的肩膀,悄悄在她耳边说:"看,孩子多棒!我们都应该向她学习。"

作为成年人,我们常常只记得过程,而忽略了眼前的美景，妮妮成功地让妈妈认识到了这一点。

在这个案例中，我们能学习到什么呢？

一、父母恩爱、家庭和睦，就能养育出充满阳光的孩子

毫无疑问，妮妮一家三口十分美满。夫妻是一个家庭最重要的两个角色。只要我们留心，不难发现只要是恩爱的夫妻，他们膝下的孩子性格活泼开朗，充满着阳光。

究其原因，在于和睦的家庭能营造出轻松和谐的氛围，给予孩子安稳成长的环境。在这样的环境中长大的孩子，内心充满了自信，在妮妮的身上，我们就能发现向上的力量。

在一个家庭中，首先是夫妻关系，其次才是亲子关系。爱孩子是做父母的天性，但亲子关系不能凌驾于夫妻关系之上，这样一个家就能获得平衡，孩子才能健康成长。

二、提前准备，才能应付突发状况

排队时，爸爸拿出背包里提前准备好的扑克牌，既可以打发排队的无聊时间、转移妮妮的注意力，还可以让妮妮利用这个时间进行心算训练，为马上到来的小学生活做准备。

在外出旅行时，尤其是带着孩子时，父母更需要准备周全。

旅途中能看见美丽的风景，也有乏味无聊的等待时间。时间是宝贵的，不能白白浪费，只要我们愿意想办法，就能进行有效利用。

分享三个在旅途中解乏的有益小游戏。

1. 成语接龙：两个人以上就能玩，不需要道具，还能帮助孩子拓展成语词汇量。

2. 动物园：拟定一个范畴，和孩子进行名词接龙，如大象、狐狸、马等，谁接不上就算输。同理，也可以玩植物园、海洋乐园等。

3. 一副扑克：简单轻便的游戏道具，可以进行多种益智类游戏。适合低幼孩子的分家家（按颜色进行分类）、排排队（可以按花色、大小来制定不同规则，进行排序游戏）；适合学龄儿童的摆分解（将一张数字扑克牌用两张以上摆出来）、24点（随机抽取四张扑克牌，运用加减乘除计算出24的最终结果）。

三、向孩子学习，珍惜当前的美景

大人在出门前会做很多准备，研究旅游攻略。计划和安排好每一个地方的行程。有计划、有准备，我们才不会事到临头慌张，尤其是在带着孩子的情况下。

但是，很多时候我们却常常牢记目的，忘记了在旅途中的过程原本就是一道美丽的风景。

妮妮妈妈就是如此，因为坐索道上山的目的是去看日出,错过了时间便觉得遗憾,朝阳云海再怎么恢宏灿烂,她也难以有欣赏的兴致。

而妮妮的心中就没有这些考虑,路边的一只小猴子能让她开心,眼前的美景同样令她震撼。大人在遗憾的时候,她的眼里却是美好的风景。

孩子值得我们学习的六件事:

一、孩子的眼睛懂得欣赏当前的美好

不怀念过去、不担忧未来,不遗憾不错过,孩子总能发现生活中那些被我们错过的美好。生活不是一帆风顺的,善于发现这些小美好,有助于我们保持阳光心态。

二、保持一颗好奇心

好奇,仿佛是孩子的专利。他们对万事万物都是那么好奇,好奇花朵为什么有那么多颜色、天空为什么是蓝色,因为好奇,所以热情地去追寻答案。

三、善于发问

妈妈,这是什么?爸爸,为什么海水是咸的?孩子总有一肚子的问题,对自己不明白的事情善于发问,敢于发问。在解答问题的过程中,家长也能收获知识。

四、勇于尝试

面对挑战,孩子比我们更勇敢。我们总是想太多、做太少,见到新事物时瞻前顾后。不如向孩子学习勇敢,大胆去尝试，再进行判断。

五、毫不犹豫地放下

"我这辈子都不跟你做好朋友！"下一刻，当父母还在为此烦恼时，两个孩子已经原谅了对方，毫无心事地重新玩在一起。不纠结，让不愉快迅速成为过去，生活中能少许多烦忧。

六、遵从内心

舞蹈动作是否标准、唱得好不好，都不在孩子考虑的范围内。他们跳舞，只因为自己想跳，不在乎他人眼光、不是为了掌声。遵从内心，表达自我，我们都应该向孩子好好学习。

让孩子告别玻璃屋

周兰十五岁,已经是正在上初三的大姑娘了。她性格单纯,活泼天真。从小被家人保护得很好。

为了她的健康成长,家里没有买电视,更没有装宽带,家人也不使用智能手机,只通过报纸来了解新闻。当看到地震、海啸等自然灾害引起的伤亡情况的新闻报道时,爸爸就会将报纸折起来放到一旁,不让女儿看见。

在女儿面前,没有人会提到负面消息,疾病、伤害、死亡、家暴、拐卖等词语不会出现在她的生活中。她的父母坚信,世界上的黑暗面会影响她性格的形成,为了保证她的安全,周兰上学放学都由父母轮流开车接送。

"我们不是什么大富之家，但也能为女儿创造一个干净的成长环境。"周兰妈妈骄傲地说。周兰也没有辜负家人的期望，成长为一个内心充满阳光的孩子，爱笑、有礼貌。

这一天，班主任老师突然接到周兰妈妈的一个电话："老师，能不能麻烦您一件事？周兰爷爷突然在家昏迷了，120刚刚到，我们现在要马上去医院，不能来接周兰放学了。能不能麻烦您送她上出租车，让她自己先回家，我下次来接她的时候把钱给您？"

老师一听，连忙答应下来："周兰妈妈你别急，我送孩子上车。"

放学时，老师把周兰叫到跟前，说："周兰，你爷爷在家昏迷，你爸妈现在都在医院，老师替你叫一辆出租车回家。"

"昏迷？"周兰吃惊地问，"什么是昏迷？"她无法理解这句话。

"就是突然生病了，具体原因要通过医院的检查才知道。"老师耐心解释着，说，"估计你爸妈现在都没工夫，你在家等他们回来，就能知道是什么病了。"

下出租车的时候，周兰下车就走，司机急得直按喇叭，将头伸出车窗喊她："小姑娘，你还没给钱呢？"

周兰吓了一跳，神情迷惘地问："给钱？"

"对啊！"司机点点头，说，"乘车当然要给钱了！刚刚那个老师送你上车的时候,不是给了你几十元吗?"

"啊!我知道了。"长这么大,周兰还从来没有自己花过钱。她还纳闷儿了一路,老师为什么要拿钱给她。听见司机的话,她连忙将钱从裤兜里翻出来递给司机,转身就走。

司机低头找了零钱出来,一抬头发现她都已经走远了,忙大声喊着:"还没找钱呢,哎,这孩子!"他解开安全带下了车,将零钱塞到周兰的手里,才赶紧回到车上。

爷爷年纪大了,这次昏迷十分危险,抢救结束后,进了ICU重症监护室。直到深夜,周兰妈妈才回到家里收拾一些医院要用的东西,同时看看女儿的情况。从小到大,周兰还没有一个人在家的经历,她实在是不放心。

听见妈妈进家门的声音,周兰揉了揉眼睛从沙发上坐起来,说:"妈妈,你回来了,爸爸呢,爷爷怎么样了?"

"别担心,爷爷只是生病。"妈妈对周兰瞒住爷爷病情的严重性,问她,"怎么在客厅睡觉,吃过晚饭了吗?"

周兰摇摇头。

妈妈一听就急了:"这孩子!我不是在电话里告诉你,将冰箱里的菜拿出来用微波炉热一下,就可以吃了吗?"

"可是妈妈,我不会用微波炉啊!"

妈妈这才想起,因为觉得微波炉有辐射的危害,从来就没有让女儿靠近过。

周兰十五岁了,不会坐出租车、不会使用微波炉,她犹如活在一个透明的玻璃屋中,父母给她搭建了遮风挡雨的屏障,将一切可能带来的危害都隔绝在外。

这样的做法,看似是在保护孩子,却对孩子的成长十分不利,有以下三大坏处:
一、孩子缺乏生活常识,不具备独立生活能力

在周兰的身上,就能看见她无法自己独立生活。在那样紧急的情况下,周兰妈妈仍然不忘记替她安排妥当,请老师替女儿叫出租车。从学校坐车回家,还得老师送她上车,事实上,坐车回家对于这个年纪的孩子来说并不困难。但对于周兰来说,由于缺乏生活常识,她闹了一个不大不小的笑话。接下来,她更因为从来没有使用过微波炉而饿肚子。

闹笑话事小,从中反映出的情况却必须重视。我们能理解家长有一颗爱护孩子的心,但让孩子与世隔绝,显然并不是最好的选择。

任何事情都有其两面性,哪怕是一把刀子,拿在厨师的手里能做饭,在歹徒手里就是行凶的武器。如果因为害怕孩子受伤,而不让她去了解这个世界,那她长大成人后又该怎么办?

或许有人会说,这么简单的常识,只要孩子的年龄到了,一教就能会。但事实真的如此吗?十多年的空白,从来没有接触过的知识,怎么可能一下子从陌生到熟练?任何习惯的养成都需要时间,一项能力也是。

被这样保护着长大的孩子,成年后会付出加倍努力的代价,才能过上正常人习以为常的生活。我们相信,这绝对不是父母想要看到的结果。

二、孩子太过单纯,无法分辨是非,容易上当受骗

我们希望孩子单纯善良,但单纯要建立在她了解这个社会的基础上,善良也要有锋芒。

古人云"知己知彼,方能百战百胜"。社会的复杂程度,有时远超我们的想象,保护孩子的最好防御是教会她自保之道,并非远离凶恶。

面对刻意设下的重重圈套,连成年人都会上当,何况是孩子?

就拿周兰来说,这个玻璃屋就像它的外表一样漂亮脆弱,完美只是一个假象。妈妈自信能保护她的安全,但能保护一辈子吗?在遇到特殊情况时,玻璃屋便会轰然倒塌。

三、在玻璃屋中长大的孩子,经不起风浪

谁的人生都不可能是一帆风顺的,在孩子诞生时我们希望她平安成长、一生顺遂,这是父母最美好的祝愿。但是,千万不要将祝福当成现实。

家长们一定要清晰地认识到,没有坎坷的人生是不存在的。没有摔过跤的孩子学不会走路,在无菌环境下长大的孩子最容易受到感染,没有经历过风雨洗礼的花朵最易凋谢。

小鹿在出生时就必须学会自己站立,小鹰因为被推下悬崖而学会飞翔,小豹子从小学习捕猎,这都是它们生存要必备的能力。

从什么时候起,我们的孩子却被严防死守地保护起来了呢?

保护孩子,我们应该这样做:
第一步:教会孩子认识现实

不只是被保护在玻璃屋中的孩子,还有许多孩子因为父母舍不得让其吃苦而娇生惯养、脱离现实,正在上演着现代版的"何不食肉糜"。

女孩在成长过程中需要更细心的呵护和关爱,但也要让她们多接触社会,了解这个飞速发展的世界。她们并不是活在空中楼阁中,现实不完美但却真实有趣,孩子的见识越多,遇到事情就越镇定。将来她成人后,才会识别陷阱、少走弯路。

第二步:教会孩子分辨是非

这部动画片三观不正,不适合孩子;这个新闻对孩子来说太可怕,关掉电视;这个同学成绩太差,要让孩子远离……

时时刻刻，我们都在替孩子做决定，替孩子分辨是非，过滤一切负面消息。却忘记了，教孩子去认识世界，让孩子自己去分辨是非。

高尚、正义、文明的美德，不应该只停留在孩子的语文课本上，我们要让孩子去亲身体验、去经历；卑鄙、狭隘、无礼的恶行，也必须让孩子知道，并教会孩子如何去应对、防御。

最可怕的不是面对危险，而是身在险地却对危险一无所知。

在这个世界上，有拐卖孩子的恶人，也有见义勇为的英雄，而这些都应该告知孩子，如此，孩子才能保护自己，追求梦想。

第三步：锻炼孩子的承受能力

没有经历过挫折的孩子是十分脆弱的，他们的心理承受能力特别差，在遭受挫折时情绪很容易崩溃。

爷爷突然重病，妈妈却仍然瞒着周兰真实情况，这样的做法是不可取的。幸好，通过这件事妈妈认识到了对女儿保护过度带来的后果，开始反省自己的做法。

她去学校请教班主任老师，探讨接下来的教育方法。老师在听到周兰连乘坐出租车要付钱都不知道时，吃惊得连嘴都合不上，过了一会儿才说："周兰妈妈，我还不知道你们将周兰保护得这样好,这样是会出问题的。"

周兰妈妈懊恼地说:"我也发现了。"她以为,就算自己不教,这么简单的生活常识,孩子看也看会了,然而这个现实,让她自己也很震惊。"老师,您给我支个招吧,现在我该怎么办呢?"

老师请她到办公室里,两人谈了一下午,老师替周兰妈妈找到了接下来的方向。

回到家,妈妈将爷爷的病情对周兰如实告知后说:"女儿,妈妈现在才知道以前的做法不对。爷爷还躺在医院里,接下来爸爸妈妈要轮流去医院看护,你必须要学着自己独立。"

周兰乖巧地答应下来,她担心地问道:"妈妈,我想去医院探望爷爷。"

医院里都是病患,换作以往,妈妈不会答应她的这个请求。但这时,她只是犹豫了一下,就答应下来说:"好。正好妈妈要送东西去医院,你和我一起坐公交车去。"

这是周兰第一次坐公交车,妈妈教她买了一张公交卡,带着她一起上车刷卡,让她学习怎么看公交站点,怎么下车。

妈妈将女儿保护了十五年,现在开始慢慢学习放手。值得庆幸的是,这一切都还不算晚。

说了，你们也不懂

女儿安安进入高中后，妈妈发现和孩子的距离越来越远。安安回到家后，除了吃饭的时候会跟父母说几句话，其他时间都待在自己的房间里，妈妈想和她说话，她只是不耐烦地说："妈，反正我说了你也不懂。"

"你不说，怎么就知道我不懂了呢？"

"我又不是没跟你说过，你懂了吗？"安安反问，妈妈哑口无言。

"安安，你怎么跟你妈说话呢！"爸爸训斥着。安安撇了撇嘴，一声不吭地走回自己的房间。

妈妈看着安安的背影，叹了一口气说："孩子她爸，你说这到底是怎么回事？我都不知道安安成天在想些什么了。"

爸爸安慰妈妈说："你别担心，孩子大了，有她自己的想法。"

"可是，我看安安跟同学在一起的时候，都有说有笑的。"妈妈感到有些伤心，一手养大的女儿，最亲近的明明应该是自己，为什么和同学在一起话多得说不完，回到家就挤不出几句话呢？

对这样的现象，爸爸也很无奈，女儿不愿意沟通，他也没什么好办法。

很快到了期中考，安安的成绩并不理想。成绩下来后，老师找妈妈去学校谈话，反映孩子最近在学校的上课情况并不理想，注意力不够集中。

回到家，妈妈和安安说："安安，你的成绩下滑这么多，老师说你最近不在状态。"

"我知道了。"安安答应了一句，转身就走。妈妈看着她，一肚子话被憋在心里，想要多问几句也问不出口。

一个月后，月考成绩出来，安安的成绩比期中考试时下降了几个名次。

"安安，你怎么就不努力呢？还有两年就高考了，你再这样下去怎么得了！"在妈妈心里，几个名次不代表什么，她暗自替女儿着急。

安安抿了抿嘴反问:"我怎么就没努力了?"

"你要是努力了,就不是现在这个成绩!"妈妈也火了,说,"现在你长大了,什么都不告诉妈妈了,还不能说你了?"

"妈,我知道我期中没考好,但我已经很努力在追回来了。你什么都不知道,就说我没努力,凭什么?!"

"你说我什么都不知道,我也很想知道,那也得你告诉我才行!你自己想想,你回家和我和你爸说过几句话?"

"说什么?我说什么你们都不懂,还有什么好说的。"安安觉得很委屈,说,"上次跟你们说的事情,你们就不懂,还说我幼稚!上上次,又说我买的裙子难看,我明明那么喜欢的……"

安安越说越委屈,眼睛里泛起了泪花。妈妈瞠目结舌,过了半天才说:"安安,这都是小事,你就为了这些小事跟你爸妈生气?"在妈妈看来,那些话说过也就忘记了,根本没放在心上,怎么女儿还一直记着?

"妈妈你觉得是小事,我觉得不是!"安安扔下这句话就跑回自己的房间中。

在这个事例中,妈妈觉得孩子不想和自己沟通,孩子觉得父母不懂自己所以不想沟通。这其中的问题,究竟出在哪里呢?

一、在孩子面前，父母没能放下长辈的架子

很多时候，我们总是在孩子面前高高在上地说教，习惯了父母长辈的权威身份，却忘记了孩子在成长。孩子年幼，需要父母的细心呵护与教导，但这并不代表着，我们就要比孩子高人一等，能去肆意评价孩子。

尤其是当孩子逐渐长大，进入青春期之后，非常在乎别人对他的评价。父母一句不假思索的"幼稚"，严重打击了孩子的自尊心；一句"难看"，在亲子间划出鸿沟。

在父母看来这只是一件小事，难道对自己的孩子，还不能说实话了吗？但事实上，正是这样理所当然的态度，这些鸡毛蒜皮的小事，让孩子觉得自己和父母无话可讲，不如不讲。

二、父母未能找到和孩子沟通的方法

我们常常和外人客气，思考怎样说话才能够表达自己的观点，同时又不伤害到对方。但是我们却忘记了，和最亲近的人沟通也要讲究技巧。

让我们换个对象，我们会对同事脱口而出"幼稚"两个字吗？答案一定是否定的。那么，我们会轻易评判同事的裙子"难看"吗？如果被问到自己的意见，哪怕自己在心里确实认为这条裙子不好看，但也会用委婉的方式表达出来，不会直接用"难看"两个字简单粗暴地概括。

和孩子沟通，没有我们想的那么复杂，只需要掌握一条沟通技巧，那就是在说话前多想想，问问自己我们不是在对着孩子说话，而是跟同事、朋友说话，我们还会这样说吗？如果不会，那么就应该换一种方法了。

或许有人会觉得，我们上班挣钱已经很辛苦了，回家还要管孩子、做家务，现在连随便说句话的自由都没有了吗？在这里，我们可以换个思考方式：既然已经这么累了，为什么不好好说话，让孩子和自己都更舒服一些呢？

孩子，并不是我们因为劳累，就可以进行语言冷暴力的存在，他们更没有承受我们迁怒的义务。

三、亲子之间出现了明显的隔阂

可以看出，因为沟通之间的误会，家庭氛围已经变得十分冷淡。孩子是一个家里最主要的家庭成员之一，又承载着一个家未来的希望。孩子的情绪，影响着父母的心情，也让亲子间的隔阂越来越深。

在"我说了你们也不懂"这句话背后，是孩子的伤心、是父母的难过，最终形成一个恶性循环：沟通不畅导致亲子关系变差，而亲子关系变差将更进一步地导致沟通困难。

这样下去，在孩子的成长过程中缺乏了父母的指引，对孩子的三观形成将十分不利。

那么，我们应该怎么做，才能帮助到安安一家人呢？

第一步：向孩子道歉，消除误会

既然知道是误会，就不要让误会再继续。误会的起因既然是父母不恰当的评价，父母就应该放下家长的架子，向孩子道歉。

不要觉得给孩子道歉是一件丢人的事情，既然说错话就应该道歉，不应区分对象。否则，又回到了没有将孩子放在平等地位的老路上去，难以消除亲子关系中的隔阂。

我们教导孩子做错事应当承担后果，那么成人更应该以身作则，做出榜样。诚意道歉，让孩子感受到你的真诚，是重新开始的第一步。

第二步：从"心"开始，改变沟通策略

毫无疑问，安安妈妈十分爱孩子。她因为女儿和自己的疏远而伤心，因为女儿成绩下滑而焦虑。

但她的这份爱意，女儿知道吗？不，女儿并不知道。

在安安的心里，妈妈是一个凡事都不支持她，只知道批评她的妈妈；妈妈看不见她的努力，只知道问成绩。这样的认知，让安安心里对妈妈的话产生了抵触情绪，让她感受不到来自妈妈的关爱。

在和孩子说话的时候，安安的父母可以适当转变沟通目的，将表达对孩子的关爱放在首位。同样的意思，换一句话说出来，将是完全不同的沟通效果。

我们一定要用"幼稚"来形容孩子的行为吗？我们可以用轻松幽默的语调说："女儿，你是在怀念童年吗？"这样说，孩子一定不会反感，反而会觉得有趣。对于那条裙子，安安妈妈可以说："女儿，我认为你可以换个风格，可能会更适合。"

只要是将孩子的感受放在第一位，我们就知道该怎么同孩子沟通。

第三步：多了解孩子，形成良好的沟通基础

想要让孩子觉得你懂她，就要进入孩子的世界。这里并不是指要去干涉孩子的自由和思想，而是多去关心她、了解她。

作为父母，你们有多了解自己的孩子？这个问题曾经有许多父母都斩钉截铁地说："我一手养大的孩子，我当然了解。"

可是，我们真的了解吗？她最喜欢的书、最厌恶做的家务、最讨厌怎样的人、最喜欢的一首歌……我们都能答得上来吗？

我们要进入孩子的世界，当孩子说起她最喜欢看的一部电影时，我们能和她一起讨论；当她聊起学校生活时，我们能给她建议。能坐下来一起聊天，并且有很多话题可以谈论，就拥有了最良好的沟通基础。

当我们做到了，孩子就不可能觉得父母不懂她。

面对校园霸凌,应该这样做

校园霸凌屡见报端,同样年纪的孩子欺负起同龄人来,手段之残暴令人发指。被霸凌的孩子弱小无助,饱受排挤,遭到精神与身体的双重摧残,引起社会的广泛关注。

作为家长,我们有了解校园霸凌的责任与义务,唯有了解了校园霸凌才能更好地保护孩子,使之远离伤害。

因为父母工作调动的关系,许悦一家人来到一座陌生的城市。爸爸给她办好了转学手续,让她继续初中的学习生活。

"悦悦,刚到新学校,还能适应吗?"妈妈关心地问她。许悦想了想,说:"还可以吧。"

"那我们就放心了。"对许悦父母来说,新的工作地点意味着新的挑战,工作十分忙碌。听见女儿在新学校还不错,也就不再过问,专心忙自己的事情。

两个月后,忙碌的阶段总算告一段落,妈妈回家的时间比原先早了些。

这几天,她发现每天早上女儿不喝水,早饭只吃包子、油条等,不喝粥、豆浆等液体。而到了放学的时候,孩子冲进家门后就急急忙忙地去上厕所。刚开始的时候,她以为只是巧合,但连着几天都这样,妈妈察觉了不对劲。

许悦从厕所出来,妈妈叫住她说:"悦悦,你在离开学校前先把厕所给上了,这样憋久了对身体发育不好。还有,早上给你准备的豆浆你怎么都不喝呢?你还在长身体,营养要全面才行,不能挑食。"

"我……"许悦犹豫了一下,说,"我不想在学校上厕所。"

"为什么?"妈妈觉得奇怪,"是学校的厕所不干净吗?"许悦没有说话,妈妈又问了一句,许悦才说:"我就是不想在学校上。"

又过了几天,妈妈发现在许悦的手臂上有淤青的痕迹。"这是怎么了?"许悦忙将袖子放下挡住,说:"没事,我不小心撞到桌子了。"

妈妈心中不安,拉住女儿的手,趁她不注意将袖子一下子撸高。眼前的情形让她吸了一口凉气,只见女儿白皙的胳膊上,布满了青紫色的瘀痕,颜色深浅不一。

"这叫没事?!你快告诉妈妈,是谁欺负你了?妈妈替你做主!"女儿的情况让她着急,更让她自责。这些受伤的痕迹,显然不是一天两天造成的。

许悦猛地抽回手,瑟缩着说:"妈,我真的没事。"但是她的神情说明了一切。

最后,在妈妈的追问下,她才说出真相。原来,在班上有几个女同学总是欺负她,从刚开始给她起绰号,到后来跟着她到厕所动手打她、掐她。这就是她不愿意在学校上厕所,也不愿意喝水的原因。

妈妈听完孩子的遭遇心疼极了,将女儿搂在怀里安抚着:"都是妈妈不好,竟然现在才发现你受欺负。傻孩子,你怎么不告诉妈妈呢?"

许悦说:"她说我要是敢告诉你,就让她爸爸对付你们。"她是担心爸爸妈妈受到连累,所以才不告诉父母。

这样的孩子让人心疼,我们应该怎样帮助她?在这之前,我们先来了解校园霸凌的现状。

一、最容易受到欺凌的人:性格内向软弱、在群体

中显得特别的孩子

1. 性格内向孤僻的人，最容易成为霸凌者的欺凌对象。被孤立、找不到可帮忙的人，容易因为害怕而不敢寻求帮助。

2. 在群体中显得与众不同的孩子，如：长相有缺陷的、性格张扬不懂收敛的、特立独行的、转学生等。许悦的情况，就属于最后这一种。班集体中转来的陌生的孩子，会受到霸凌者的注意，进一步成为其目标。

3. 此外，还有一种情况值得注意。曾经霸凌过别人的孩子，因为对方报复而成为受害者。

二、霸凌不分性别

不要认为只有男孩之间才会发生霸凌，女孩之间也有霸凌的行为，男孩的霸凌行为发生概率相对更大。

1. 男孩会使用暴力霸凌，体现在肢体上；女孩以言语侮辱为主，在同学之间和网络上散播谣言、孤立受害者，也会伤害对方。

2. 在通常情况下，男孩会被男孩霸凌，女孩则会受到男孩和女孩的霸凌。

3. 从小缺乏关爱、家庭关系冷漠，经常见到暴力行为、被父母责打的孩子，最容易成为霸凌者。

三、会对被害者造成不可忽视的心理、身体上的双重创伤

根据情节轻重,被害者会受到不同程度的身体创伤。严重的,会在身体上留下永远无法愈合的伤口,甚至死亡。

此外,还会形成心理障碍,造成性格扭曲。在被害者身上,我们能发现厌学、沮丧、悲观、自卑等负面情绪,严重者会成为抑郁症患者,一辈子受影响。

四、取证难、惩罚力度弱,让校园霸凌屡禁不止

校园霸凌,通常都在旁人看不到的地方发生。就像许悦被霸凌的地点是在厕所,就算有人看见,也会因为霸凌者而选择视而不见,无人替她说话作证。言语上的侮辱、散布谣言这样的霸凌手段更是难以定性。

所以,当霸凌行为发生后,通常都对霸凌者以教育为主,严重者会开除学籍。这样的惩罚力度,对霸凌者来说只是不痛不痒,不会产生威慑。

面对校园霸凌,我们应该怎么做?

第一步:帮助孩子建立有益的人际关系

时刻关注孩子在学校的情况,主动询问孩子"今天在学校里有没有发生让你难过的事?"通过这样具象的问题,来了解孩子是否遭遇霸凌。

家长多参与学校组织的活动,了解孩子班级同学的情况。帮助孩子识别益友,鼓励孩子在学校建立自己的人际社交网络。当孩子有了自己的好朋友，就不容易成为霸凌者的目标，在受到欺负时也能被及时发现。

尤其是转学这样的特殊情况，父母再怎么忙碌，也要格外注意孩子在学校的情况。

第二步：不主动引起冲突

教育孩子，不要主动和其他人发生冲突。但不惹事，不等于怕事，当有人主动挑衅或跟同学发生纠纷时，要据理力争，及时找到老师解决纷争。

霸凌者普遍喜欢欺负弱小，孩子越是表现得害怕软弱，越容易被欺负，因为欺负这样的孩子付出的代价最小。

一定要告诉孩子，遇到事情时要镇定，不要慌乱害怕。以自己的人身安全为第一要务，注意不要激怒对方，可以通过语言来进行策略谈判，利用环境逃走等。在第一次没有尝到甜头，霸凌者或许就会转移目标。

第三步：教会孩子进行自我保护

教会孩子辨认言语侮辱等不容易被定性的霸凌行为，一旦发现有霸凌的苗头，就要进行及时遏制，不能让霸凌行为进一步恶化。

有条件的父母，可以送孩子去学习跆拳道等强身健体的运动。一方面能锻炼身体，另一方面能让孩子学会自我防卫，在遇到攻击时能有效保护自己。

第四步：让孩子学会寻求帮助

遇到霸凌时，一定要让孩子学会求助。有人经过时，可进行大声呼救，引起别人注意。

当事情发生后，及时告诉家长和老师，让他们来解决。很多时候，霸凌者都是由一个人带头，好几个人协助的小团体，光凭孩子自己无法解决问题。

第四章

管理好情绪,让孩子拥抱好心态

　　无论是谁,只要能管理好自己的情绪,就赢得了做事的根基。套用一句港剧的经典台词"既然开心也是一天,不开心也是一天,那么我们为什么不能开开心心地过呢?"道理大家都明白,但事到临头时,真正能做到的却没有几个。

　　我们常常被情绪支配,在生气时说出伤人的话,在难过时做出错误的决定,在沮丧、懊恼时觉得生无可恋……管理好情绪,对成人来说也不容易,对孩子来说就更困难。

　　但只要让孩子学会管理情绪,他们就能获得人生道路上的最佳助力,成长为阳光、积极、向上的人。

冷静，帮助我们渡过情绪难关

小雯这次考得不错，妈妈奖励她看一场电影。电影结束后，带她到餐厅吃饭。正值晚餐时间，前来就餐的人非常多，好不容易等到一个位置，已经是晚上七点半。

"时间已经很晚了，我们要赶紧点菜。"妈妈将菜单打开浏览着。小雯现在才十岁，每天晚上九点是她上床睡觉的时间，妈妈不希望今天成为例外。

"妈妈，我也要点菜！"小雯看着妈妈手里的菜单说。"你点菜太慢了，我来就好。"

"让我点一次嘛。"在小雯不断的央求下，妈妈终于同意了她的请求。菜单上琳琅满目，小雯看花了眼，这个想吃，那个也想尝尝。

妈妈看着小雯点的菜,说:"你点的太多了,吃不完。"小雯犹豫了半天,看哪个菜都舍不得去掉。

"快一点儿,别磨磨蹭蹭的。"妈妈看了一眼时间,催促着说,"已经过去十分钟,不然你就把菜单给我,我来选。"

"不!"小雯连忙抓紧菜单,去掉了几个菜,将菜单递给妈妈。

妈妈看了一遍菜单,说:"不行,菜还是太多了,哪里吃得下?"小雯忙说:"留下的都是我特别爱吃的!"

"那你要是吃不完怎么办?"

"我一定能吃完的。"小雯坚持。

妈妈合上菜单,说:"那行,我们八点半要离开,在离开前你自己点的菜,要全部吃完。否则,就不许点这么多。"

"吃就吃!"

上菜的速度很快,但小雯果然吃不完了,看着她自己点的一份南瓜饼发愣。"妈妈,我可不可以不吃了?"

"你点菜的时候怎么说的?"随着时间越来越临近八点半,妈妈变得急躁起来,质问女儿。

"可是,我真的吃不下了。"小雯耷拉着头。

"不行!"妈妈下决心要让女儿得到教训,拒绝了她。

小雯又吃了两口,猛然扔下筷子尖叫了两声:"我不吃了!我就不吃了!"耍赖,这是她唯一能想出来的方法。她的声音尖利,引得正在用餐的人纷纷朝这边看过来。小雯妈妈觉得尴尬极了,恨不得挖个地洞钻进去。

"这是你自己答应的事情,自己点的菜。"妈妈不想放弃这次教育机会,压低了声音教育女儿说,"在公众场合,你不能大喊大叫!"

可是,妈妈的话没有起到任何作用,发现了妈妈的顾虑,小雯变本加厉地大叫起来。妈妈只觉得人们的脸上充满了鄙夷和不耐烦,仿佛在说着:你是怎么教育孩子的?

妈妈想要教育女儿的心情没有错,那么在这个事例中,是哪里出了问题呢?

一、妈妈流露出的焦虑情绪,直接影响到了孩子

因为在餐厅的等待,妈妈担心时间不够,想要快些吃完饭赶回家。在这个时候,女儿提出点菜的要求,就让她积累的焦虑情绪变得更加烦躁。

孩子的感情敏感而细腻,她能十分敏锐地察觉到妈妈的情绪变化。妈妈的情绪,直接影响到了孩子,让孩子感到不安。

在日常生活中,我们要格外注意这一点。不论是因为自己的工作而心烦意乱,还是因为生活上的琐事和人发生了争执,或是因为孩子的事情而烦恼,我们都要尽量克制,不能将这份负面情绪带给孩子。

孩子是无辜的，不能成为我们发泄情绪的出口。否则，会因此而影响亲子关系，形成恶性循环，就像最后小雯在餐厅里的尖叫，正是最坏的结果。

二、在餐厅，不是教育孩子的地方

我们在与人沟通的时候，通常都会寻找最恰当的时间和地点。那么，为什么我们在教育孩子的时候，就能随心所欲呢？

以下四种情况，不适合教育孩子：

1. 早上起床时。早上是一日之始，如果因为孩子起床慢，或者其他事情而教训孩子，会给孩子带来一整天的糟糕心情。

2. 吃饭时。吃饭的时候如果情绪不佳，轻微的会引起食欲不振，严重者会导致肠胃不适、消化不良等症状。如果在这个时候教育孩子，会影响孩子的成长发育。

3. 晚上睡觉前。睡觉前应该营造轻松舒缓的情绪，如果在这个时候教育孩子，会让孩子担惊受怕。这样的不良情绪，轻则让孩子睡不安稳、做噩梦，重则会让孩子产生生理反应，惊厥发烧。

4. 在公众场合。教育孩子时，我们必须照顾孩子的自尊心，才能让孩子减少顾虑，将注意力集中到家长所说的内容上来。在人多的场合，孩子害怕招来别人异样的目光，内心充满了恐惧，根本无法去思考自己错在哪里。

餐厅,既是吃饭时间又是公众场合,是最不适合教育孩子的时间地点。

三、妈妈采取的沟通方式,激起了女儿的反抗情绪

当女儿想要自己点菜时,妈妈不相信她,担心她耽误了时间;在女儿点菜过多时,采取威胁的方式"自己点的必须自己全部吃完",企图让女儿放弃;在女儿吃不完的事实面前,妈妈断然拒绝女儿的请求。

不信任、威胁、拒绝,这样的沟通方式,让妈妈将自己放在了女儿的对立面。因此,到最后小雯情绪崩溃,用尖叫来进行反抗就不是一件难以想象的事情。

在这个事例中,怎样才是正确处理的方式呢?

第一步:在教育中,家长必须保持冷静

在这里,我们必须要对教育孩子有一个清晰的认知,那就是:教育孩子不是一蹴而就的事情,必须要一而再、再而三地反复进行。

一个道理,我们从让孩子明白,到让孩子主动去进行实践,这当中有一条漫长的路要走。孩子不是机器,不是输入一个程序指令就能让他们按照这样去做,家长应该在这个过程中保持充足的耐心,冷静对待孩子存在的问题。

如果父母都做不到冷静,我们又怎么可能拥有一个遇事冷静的孩子?"身教"大于"言传",父母是孩子的模仿对象。发现自己的孩子容易急躁、缺乏耐心时，我们首先要进行自我反省，而不是去责骂孩子。

我们看到，是小雯妈妈急躁的情绪在先，孩子放声尖叫在后。当我们遇到同样的事情时，不要想着尽善尽美，而应该进行适当取舍。既然时间来不及，可以选择一家用餐速度快的餐厅，或者放弃让孩子准时上床的念头，开开心心地享用晚餐，度过一段美好的亲子时光。

第二步：正面处理孩子的情绪

当孩子有不同意见时，家长不能站到孩子的对立面，试图用威胁、责骂这样的方式让孩子改变意见。

我们要允许孩子有不同的看法和要求，同时也应该接纳孩子的情绪。喜怒哀乐都是人的情绪，我们怎么能要求孩子一直都是那个听话的乖宝宝，不想看见孩子另外的情绪呢？

小雯想自己点菜，妈妈可以在旁边进行引导，而不是因为孩子提出不同要求而甩手不管。

菜单上的菜品图片诱人，吸引着孩子的注意力，让他们常常"眼大肚皮小"，看着哪一样都好吃，而高估了自己的能力。这个时候，妈妈可以举例，让他们明白自己一餐饭能吃多少，从而让他们量力而行。

第三步：灵活运用"三分钟法则"

我们常常谈起时间管理的"三分钟法则"，并将它运用到工作、生活的各个方面。在教育中，如果我们也可以灵活运用"三分钟法则",将收到预料之外的奇效。

当发生矛盾时,我们首先要做的是削弱矛盾,减少彼此对立的情绪。在这个时候,我们需要"三分钟"的时间,让自己先冷静下来,才能不带负面情绪地去解决问题。

"三分钟"能做什么?

1. 能让发脾气的孩子缓解情绪。

当孩子情绪激动时,比大人更加难以平复。在这个时候,他们听不进父母的话,大人说的话通常只会加剧他们的情绪,使事态更加失控。

给孩子三分钟时间,给他们一个独立的空间去冷静,让他们去思考刚才发生的一切。

2. 能让父母获得一个情绪的缓冲地带。

孩子发脾气,大人也很容易受到影响。当孩子因为情绪激动说出过分的话时,父母的情绪也会失控。三分钟时间,给情绪制造一个缓冲地带,让矛盾安全落地。

3. 能让双方冷静下来,寻找问题的原因,从而去理性地解决问题。

发生冲突一定有原因,只有寻找到症结才能彻底解决问题。但只有当双方都冷静下来的时候,才能去思考、分析,这三分钟的缓冲时间,就能获得一个良好的开端。

克制：尊重孩子的隐私权

随着教育观念的不断进步，家长朋友们已经意识到尊重孩子的重要性，并将这一点贯彻到实际生活中去，尊重孩子的意见、观点和决定。

但在很多时候，我们仍然会因为担心孩子，在不知不觉间侵犯了孩子的隐私权。我们知道要尊重孩子，但对尊重孩子的隐私权又了解多少呢？对这项重要的权力，我们具备正确的认知吗？

宋雪进入青春期后，开始写日记了。她用的是一个有着漂亮蝴蝶封面的日记本，每次写完她都会用一把精致的小锁仔细锁上，再郑重地放回抽屉中。

"孩子她爸,你发现女儿最近开始写日记了吗?"妈妈担忧地跟爸爸探讨着这个问题。

爸爸不以为意地说:"这有什么,你们年轻那会儿,谁没有写过日记?孩子爱写,就让她写呗,写日记还能锻炼作文水平。"

"你这人,怎么就不上心呢?"妈妈埋怨地说,"这件事的关键是写日记吗?是她写了还锁上,不给我们看。"

"孩子大了,有什么事不愿意让我们知道很正常,你就别操心了。"但是,爸爸的劝说并没有打消妈妈心头的顾虑,她担心女儿在现在的年纪里会早恋,又不告诉父母。

放学后,宋雪下了公交车和同学挥手再见,再转过身时被吓了一跳:"妈妈!您怎么在这里?"

妈妈说:"我刚好今天下班比较早,就顺路过来接你。"她没有说出口的是,为了观察和孩子同路的人,她已经连续好几天在这里等着女儿放学。

"小雪,刚才在车窗跟你挥手的那个男同学是谁?"妈妈记得那不是跟女儿一个班的同学,今天她故意让女儿发现她,就是想要问个清楚。

"哦,妈妈您说他啊。他是隔壁班的体育委员,和我同路。"

一听是隔壁班的,妈妈立刻提高了警惕,追问说:"你怎么会认识隔壁班的?"

宋雪奇怪地反问:"都在一个学校,怎么就不能认识呢?"在妈妈的追问下,她说:"好像是在去年学校办的运动会上认识的。"

听见女儿的话,妈妈心里"咯噔"一下,原来去年就认识了,怎么女儿从来没有说过?不行,自己一定要想办法了解才行,她想起了被女儿放在抽屉里的那本日记。

宋雪做完作业开始写日记,妈妈端着一盘水果悄悄进去,想要看看女儿正在写什么。宋雪吓了一跳,连忙合上日记本说:"妈!您怎么突然出现了,吓我一跳。"

这次没能看见日记的内容,下一次妈妈悄悄将门推开一条缝,走到宋雪背后偷看。她零零散散地看见,女儿的日记里写的是在学校的生活,并没有出现她认为可疑的人。但妈妈仍然不放心,总是偷偷开门看女儿正在做什么。

"妈妈!你怎么又偷看我!"宋雪大声抗议。可是,她的抗议并没有被妈妈接受。过了两个多月,妈妈发现女儿在看书的时候,总是有挤眼睛的怪动作,嗓子里不时发出"嗯、嗯"类似清嗓子的声音。

孩子这是怎么了?妈妈心里着急,连忙带女儿去看医生。诊断的结果,让她大吃一惊,原来女儿竟然患上了小儿抽动症。

医生说,这个病多发于四至十二岁的男孩,女孩患病的概率相对较低。若不及时进行干预治疗,逐渐会产生语言运动障碍,导致注意力不集中、学习困难、情绪障碍等一系列心理问题。

这个事例，暴露出在现代教育中常见的三大教育问题：

一、妈妈对女儿的过度保护

妈妈爱孩子是天性，担心女儿在成长时走上弯路也正常。但是，像宋雪妈妈这样，因为心中一个毫无根据的猜测，就对女儿展开全方位监控的行为，就属于过度保护的范畴。

什么叫过度保护？

1. 恨不得女儿时时刻刻都在自己的眼前。

2. 必须知道女儿所有的行踪。

3. 想要掌控孩子的思想动态。

4. 孩子生活中的每件事，都必须跟自己汇报，否则就值得怀疑。

5. 一旦孩子有所隐瞒（如一个带锁的日记本），就会感到焦躁不安。

以上五条，只要符合两条以上的行为，就可称为过度保护。过度保护，将带来紧张的亲子关系，特别是在青春期这个特殊的时期，容易激起孩子的逆反心理。

如果家长没有及时发现这种行为的不当之处，过度保护就会演变为对孩子的控制欲，十分不利于孩子的健康成长。

二、不尊重孩子的隐私权

从宋雪妈妈的行为中不难发现，在她心中缺乏明显的界限。孩子进入了青春期，但她还没能适应孩子的成长变化，仍然活在女儿还是年幼时的过去。

在孩子年幼时，我们要教她说话、替她洗澡、手牵手地带她过马路，教导她成长，保护她远离伤害。

但是，当孩子进入青春期后，我们必须认识到，孩子的成长阶段已经发生了彻底的变化。随着她自我意识的觉醒，她开始重视友情，渴望一个相对独立的、宽松的空间。

孩子写在日记本里的那些小秘密，如果她认为家长是值得信任的，当然就会告诉你。如果不是，就算我们通过其他手段窥探到了孩子的内心，我们仍然被隔离在孩子的心房之外。

孩子是独立的个体，不是任何人的附属品，她有权拥有属于自己的隐私，就算是父母也无权侵犯。只有当孩子的隐私得到尊重时，她才会懂得尊重他人。

三、孩子精神压力过大

宋雪妈妈偷看女儿的行为，让女儿担惊受怕，宋雪好几次都受到惊吓。同时，从妈妈的行为上，女儿能明显感觉到妈妈并不相信自己，导致她精神紧张，压力增大。

小儿抽动症的诱因众多，病因至今尚未明确，其中一个诱因正是孩子受到惊吓。当成年人遇到烦恼时，会找到自己的发泄渠道，但对孩子来说却找不到出口，因此就体现在身体上。此外，学习压力过大、家庭冲突等，也会成为发病的原因。

在竞争加剧的现代社会，父母为了孩子的未来而焦虑。我们常常能看见年纪不同的孩子，在周末等原本应该休息的假期里,奔波于各种兴趣班、辅导班之间。孩子的学习压力大,作为家长,必须时刻关注着孩子的心理健康,并及时进行心理疏导。

遇到这样的问题时,我们该怎么办?

第一步:及时带领孩子就医,积极配合医生进行治疗

孩子生病不要怕,及时发现,及时带着孩子就医,千万不能因此病症的特殊性而讳疾忌医。一项研究数据表明,小儿抽动症自愈率仅在5%,绝大部分孩子需要配合药物、心理治疗,方能痊愈。

如果不能及时治疗,随着病情的发展,孩子身上呈现出来的问题也会越来越多。怪声、怪动作,会引起其他人的注意和嘲笑,将导致孩子严重自卑、孤僻的心理。

第二步:给孩子减压,解决诱因

导致宋雪患病的根本原因,是妈妈对她的疑心和窥探。在医生这里明白了这一点后,妈妈后悔不已,跟女儿进行了一次谈话。

"小雪,这件事都是妈妈不对。早知道会害你生病,妈妈怎么样也不会做出这样的事情。"

"妈妈,你真的相信我了吗?"宋雪说,"我真的什么也没有做。"

妈妈将女儿搂在怀里,眼里流下了悔恨的泪水,她摸着女儿的头,她说:"妈妈当然相信你。你是妈妈的女儿啊,妈妈一直都相信你。我只是担心,有些坏孩子把我的女儿带坏了,才想要看你的日记。却忘记了你已经长大,有自己的想法和主见。"

宋雪在妈妈的怀里委屈地哭了,将所有的委屈和担惊受怕都一起发泄出来。

爸爸将抱头痛哭的母女两人抱在怀里,安慰她们说:"好了好了,都过去了,没事了。医生说了,小雪只要按时吃药很快就能好起来。"

第三步:学会克制,尊重孩子的隐私权

在教育孩子的时候,克制,往往比放纵自己的情绪更难做到。我们想让孩子学会管理情绪,首先自己要成为一个优秀的榜样。

想要了解孩子,我们可以进行正向沟通,而不是采取窥探隐私的方式。孩子天生就依赖父母、信任父母,只要我们保持宽松、自由的沟通环境,和孩子进行平等沟通,孩子就愿意跟我们说心里话,分享自己的小秘密。

只有这样,父母才能真正帮助到自己的孩子,使她在一个安全的环境中成长,最终成为一个身心健康的人。

为什么我不受同学们欢迎

"都怪他,要不是他上课说话,我们小组就不会被扣分了!"

"唉,又下雨了,出门要打伞好麻烦,走路也不方便。"

"老师也太偏心了!明明应该是我代表班级去升旗的。"

最近,小芸的口中总是充满了抱怨。对妈妈抱怨被其他人连累,对同学抱怨天气不好,对朋友抱怨老师不公。

"外婆,我想吃上周您买的那个辣味猪蹄。"在上学前,小芸这样对外婆说。"好啊,外婆今天就去买。"外婆慈爱地看着她,说,"只要是小芸爱吃的,外婆就去买。""谢谢外婆,您最好了!"

放学回家到了吃晚饭的时间,小芸看着桌上的菜问:"外婆,怎么没有那个猪蹄?"外婆歉意地说:"今天我去菜市场的时候,卖猪蹄的那个店关门了,贴了张告示说临时有事,歇业一天。明天,明天外婆就给你买。"

小芸不开心地嘟起嘴说:"居然歇业,好不容易我想吃了。哼!明天不吃,以后都不吃他们家的了。"

吃完饭后,妈妈说:"小芸,你最近怎么这么多抱怨?谁家都会有特殊情况的时候,只是刚好赶巧了。你这样说,对外婆也是一种不尊敬。"小芸撇开脸,她不认为自己有错。

还有一个月就要小学毕业了,老师组织了一个毕业活动,让班级里的同学买留言册写好名字放在图书角,愿意留言的同学,在上面自行留言。

小芸准备了一个精美的留言册,封面是漂亮的林中花海。她郑重地在侧面贴上自己的名字,高兴地放在了图书角,等待着同学们的留言。

可是,随着时间一天天过去,小芸却再也高兴不起来。图书角的留言册上,逐渐写满了留言和祝福,但有几个人的留言册里只有寥寥几条留言,小芸的留言册就是其中之一。

每天放学的时候,她都满怀期待地去打开留言册,期望能看到新的留言,但每一次都是失望,留言并没有增加。

"妈妈,我就这么不受欢迎吗?"终于有一天,小芸委屈地哭倒在妈妈怀里,说,"您不知道,另外那几个没有什么人留言的同学,都是班上成绩最差的,我明明不是!"

小芸不明白她为什么不受欢迎,让我们一起来看看她的问题出在哪里:
一、经常抱怨,导致同学疏远她

趋利避害是人的本能,远离总是抱怨的"垃圾人"是人们下意识的举动。

小芸并没有意识到,她认为只不过是发泄情绪的抱怨,把自己变成了负能量的传播者。经常抱怨,不仅让她自己养成了将一切过错归咎于他人的习惯,还让同学在不知不觉间疏远她。

没有人愿意和一个总是怨天尤人的人相处,与他们相处会令人觉得压抑。偶尔抱怨无伤大雅,但如果在一件事上只是盯着负面影响,就会变成只会发牢骚、开口就是抱怨的人。这样一来,同学们自然就躲着小芸,不愿和她说话。

二、总是站在自己的角度思考问题

在小芸的抱怨内容里可以看出,她所抱怨的一切,都是以她为中心,错的都是别人和客观原因。

抱怨同学,不是因为同学上课说话,而是因为这件事影响到了她;抱怨天气,不是担心妈妈因此会上班迟到;抱怨不公,是因为她认为自己没能获得应有的荣誉;抱怨店家,是因为她没有及时吃到想吃的菜。

她的眼里只有自己,于是那些让她感到不快的事情,就都成了她抱怨的理由。

三、不愿意认错

在面对批评和指责时,我们要记住《论语·学而》中所说的——有则改之,无则加勉。当有人批评时,要么是我们做错了,要么是在别人的眼里我们的行为错了,我们需要虚心聆听,有错就改。

愿意指出你错误的人,通常都是亲近的、在乎你的人,他们想要看到你变得更加优秀,才会指出你的问题所在。对于那些并不关心你的人而言,你的好坏都与他们无关,他们不会冒着得罪你的风险去批评你。

妈妈批评小芸,是为了让她学会尊重长辈,她却并没有意识到自己的错误。

抱怨，是一种常常被我们忽略的负面情绪，但它带来的危害并不小：

一、会让孩子形成抱怨型人格。

什么是抱怨型人格？抱怨会让孩子上瘾，会变得越来越频繁。她会抱怨一件事，就会抱怨十件事、百件事，认为凡事都是别人的错，自己一点问题都没有。长期如此，就会形成消极的心态。

二、会让孩子的交际出现障碍

当偶尔抱怨时，朋友会安慰你。但当安慰没有效果，你依然抱怨如常时，朋友也会觉得疲惫。在这个时候，他们就会疏远你，和你保持距离。

孩子的世界是单纯的，他们凭直觉来交朋友。当你的孩子身上充满着抱怨的负能量时，会给她的交友形成不小的阻碍。

三、会让孩子把自己定位为弱者

抱怨不公，是将自己放在了受害者的位置。为什么不是我，而是别人？这样的发问，正是"怀才不遇"心态的一种体现。

一个班集体中有几十名同学，代表班级去升旗的只有两人。这能说明，其他的同学都不优秀吗？答案显然是否定的，只能说明那两名同学最适合这项任务。

长期抱怨，会把自己放在弱者的地位，将来就算有机会来到面前，也注定无法把握。

面对这个问题，我们该怎么做？
第一步：正视抱怨带来的危害

孩子不知道抱怨的危害，家长可以帮助他们、教导他们。

妈妈仔细询问了小芸经过后，便知道是留言册让女儿认识到她在班上不受同学欢迎的事实。妈妈没有着急，在安抚了女儿的情绪后，分别找老师、同学谈话了解情况，知道女儿不仅仅是在家里爱抱怨，在学校也一样。

"小芸，妈妈知道原因了。"她看着女儿，直言不讳地说，"你总是觉得别人不好，都是别人的错，对不对？"

小芸不高兴地噘起嘴说："本来就是他们的问题。"

"看，这就是你不受同学欢迎的原因了。"妈妈看着她的眼睛说："如果你抱怨一件事，可能是那件事出了错，但你在抱怨身边大部分的事，是这些事都出了问题吗？你不找自己身上的问题，同学们还敢跟你说话，和你来往吗？"

"为什么不敢？"小芸仍然不服气。

妈妈耐心地说："因为，同学们都害怕和你走得太近后，有什么事你就会怪到他们的头上，转身就跟其他人抱怨。你想想看，你愿意和这样的人做朋友吗？"

小芸从来就没有想过这一点，经过妈妈的举例，她才恍然大悟。换了她，也是不愿意和对方做朋友的，她终于理解了她在同学中不受欢迎的原因。

第二步：遇到沮丧的事情时，家长以身作则不抱怨

抱怨的情绪容易传染，如果孩子抱怨老师对自己不公平，家长站在孩子的角度一起抱怨的话，就会让孩子更认为自己的抱怨理所应当。

想让孩子不抱怨，首先家长就要以身作则。在日常生活中，我们常常会遇到不顺心的事情，我们怎样应对，孩子就会跟着学会，父母的态度在潜移默化中影响着孩子。

如果我们遇事不抱怨，而是从中找出问题、解决问题，孩子就能在面对问题时去积极想办法解决，而不是抱怨。

第三步：教会孩子用正面积极的角度看待事物

事物都具有两面性，家长可以教孩子学习辩证的思维模式，让他们发现事物正面的角度。

同学上课说话导致小芸所在的小组被扣分，这是事实，但我们可以积极地去面对，去帮助同学改掉这个坏习惯，争取下次小组积分能获得第一；下雨影响出行是事实，但如果我们换个角度去看，就会发现下雨带来的种种好处。

用正面的、积极的目光去看待事物,孩子自然就减少了抱怨。

第四步:培养孩子健康积极的正能量

罗丹说:"生活中不缺少美,而是缺少发现美的眼睛。"从小,我们就要教会孩子去发现生活中的美好,用心去感受、细心去观察一切美好的事物,体会幸福。

一朵云的形状、一片嫩绿的新芽、一双替孩子撑着门的手,都能让孩子领会到生活中的美好。带着孩子去感受、用阳光浇灌孩子的心灵,他们就能成长为健康积极的、人格健全的人。

战胜沮丧，从改变开始

高考摸底考试成绩出来后，杨妮就把自己关在房间里，就连妈妈叫她吃饭也不出来。

"这孩子，"妈妈担忧地说，"怎么办呢？"孩子这次没考好她不是不担心，但更担心的是孩子的身体。

杨妮爸爸说："孩子压力大。我们别去打扰她，让她一个人待一会儿。"妈妈点头答应了，忧虑的目光落在女儿关着的房门上。

但好几天过去，杨妮仍然闷闷不乐，做什么事都无精打采。妈妈为了让孩子高兴，每天都变着花样给她做喜欢吃的菜。但杨妮始终兴致不高，以往能吃得精光的菜，现在也只是稍微动下筷子而已。

妈妈看在眼里急在心里，慢慢地也开始长吁短叹起来，家里的气氛变得十分压抑。

又过了一周，杨妮突然对妈妈说："妈妈，我不想上学了。"妈妈大吃一惊，孩子怎么会有这样的想法？

"我现在成绩这么差，就算继续上学也没有太大意义。"杨妮解释着说，"还不如趁现在去打工积累经验，或者去学点儿有用的技能。"

"不行！你怎么能这么想呢？"妈妈连忙劝说，"高三还没开始，只是一次摸底考试不代表什么。"杨妮抿着嘴没有说话，但脸上的神色说明她并没有被妈妈说服。

妈妈急得不行，趁孩子睡觉后和孩子爸爸商量这件事。"你说说，现在该怎么办吧？她竟然想出这个主意。不读书不考大学，她的未来可怎么办？"

"别急，那只是孩子的气话。"爸爸没有放在心上，说，"她要想去打工，你就趁暑假让她去做个兼职，知道工作辛苦后她就不会那样想了。"

"真的可行吗？"

"你让她试试，有事可做总比她现在这样灰心丧气的强。"

妈妈想了想是这个道理，就跟杨妮说："我跟你爸商量过了，允许你去打工实践。"杨妮高兴得想要跳起来，妈妈制止了她的动作,说,"但有一个前提,我们给你五天的时间,你要挣回来三百元。"

"什么叫挣回来三百元?"杨妮睁大了眼睛发问。

"我们会预支一百元给你。但这五天里,你必须承担自己的生活费、交通费,手机你继续用着,通信费就当我们赞助你。最后,只要你归还了预支的一百元后再剩余三百元,就证明你具备在社会上谋生的能力,我们就同意你不读书,去学习自己感兴趣的技能,养活自己。"

"好!"杨妮一口答应下来。在她看来,区区三百元并不是多大的金额,她一整套模拟题就接近三百元,买双质量好些的运动鞋还不止这个价格。

可是,在寻找工作的时候,她才发现现实远比她想象的困难、复杂。首先,她未成年,很多工作条件就限定在十八岁以上;其次,她没念完高中只有初中文凭,又失去了一部分工作机会;最后,五天的时间太不稳定,可供选择的就更少。

最后,她好不容易找到一个符合条件的工作,帮助一家新开业的餐厅在地铁口发放新店开业特惠的广告单,但这份工作每天只有五十元的工资,好处是每天结清。杨妮算了笔账,就算她不吃不喝也挣不够三百元。

不行,我不能认输!杨妮咬咬牙,用妈妈预支的一百元去花卉批发市场买玫瑰花,晚上去人流量大的步行街卖花。

就这样,她大清早起床去花卉市场把花买回来放好,白天冒着炎炎烈日去发广告宣传单,晚上再捧着花去卖。

好不容易到了第四天,一直省吃俭用的杨妮算了算自己的收入,再加上明天的工资就能凑够三百元,她终于松了口气。

原来,三百元花起来容易,想要赚回来是这样艰难。她正要将钱放回自己的包包里,突然从一旁冲出来一个流浪汉,一把夺过她的包包就跑。

杨妮反应过来后,一边喊一边追了上去,但是她哪里追得上?跑得气喘吁吁的杨妮蹲在地上崩溃地大哭起来。

她失魂落魄地回到家里,把爸爸妈妈都吓了一跳。妈妈连忙用热毛巾替她擦脸,心疼地问:"孩子,怎么了?"

在妈妈怀里,杨妮痛痛快快地哭了一场,抽泣着把这几天的遭遇说了一遍。"妈妈,我觉得赚钱太不容易了!"

爸爸说:"孩子,不是赚钱不容易,是你受条件所限所以赚钱太不容易。想当初,你爸爸读大学也做兼职,给孩子做家教,在那个年代一个小时就能挣一百呢!"

"真的吗?"杨妮忘记了哭泣,惊讶地抬起头来,脱口而出,"爸爸,那您只要上三节课,就能挣到三百了?!"

爸爸含笑点头,说:"没错。不用辛辛苦苦在烈日下奔忙,只要把孩子教好就行,这就是知识的力量。"

杨妮恍然大悟,说:"我明白了!爸爸,我一定要好好念书,考上最好的大学!"

从沮丧到放弃,再到重新下定决心,这个事例能带给我们怎样的启发呢?

一、当孩子沮丧时,父母一定不能慌乱

孩子是重要的家庭成员,她的情绪能在一定程度上影响父母的心情。杨妮的心情,就影响到了妈妈的情绪,让她也跟着变得沮丧。

控制情绪,不只是孩子需要学习,也是父母的必修课之一。当孩子因为遭遇挫折而感到沮丧时,父母要保持镇定,想办法让孩子振作起来,不能一直陷入这样的负面情绪中去。

二、遭遇挫折并不可怕,可怕的是就此放弃

失败乃成功之母,人的一生谁没有失败过呢?有的人会越挫越勇,有的人则会被沮丧的情绪打败,就此放弃奋斗。

孩子的思想还不够成熟,在遭遇挫折的时候,容易钻牛角尖。在老师和家长眼里,只是一次摸底测验,并不能代表孩子的真实水平,还有足足一年的时间可以奋斗。但杨妮陷入沮丧中不可自拔,认为自己不是读书的料,不如趁早放弃。

在这个时候,父母就要进行积极干预,帮助孩子走出低谷,重新振作。

三、当孩子无法挣脱沮丧时,不妨替她换个环境

在杨妮设法挣钱的举动中可以看出,她具有不服输的个性,也正是因为如此,她才会无法接受自己的失败,产生了放弃的念头。

爸爸正是因为了解女儿,才给她机会,让她亲身经历生存的不易,让她彻底明白以她目前的能力,要养活自己是一件非常艰辛的事情,从而激发她的斗志。用言语说服,远不如亲身体验记忆深刻。

在实际的教育实践中,我们也可以活用这一点,根据孩子的个性恰当地使用这个方法。新的改变,会带来新的刺激,让孩子成功地从沮丧中走出来。

遇到孩子沮丧的时候,我们有五个实用技巧分享给大家:

一、倾听心声,接收孩子的求助信号

凡事都有两面性,当孩子沮丧的时候,也正是我们拉近亲子关系的最佳时机。这个时候孩子情绪低落,最需要父母的理解与支持。父母需要做的,就是耐心倾听孩子的心声,成为孩子的倾诉渠道,弄清楚孩子希望获得的帮助,从而引导孩子渡过难关。

二、给孩子换个心情，陪孩子做一件能让她放松的事

有些时候，只需要替孩子换个心情，就能让她将沮丧的情绪完全抛开。

孩子最喜欢做什么呢？陪她看一场电影、去溜冰场玩一次真冰、听一次音乐会、逛一下午书店……除了学习之外，我们还有很多选择。

让孩子除了和父母做能做的事情，还可以让孩子和好朋友痛痛快快地去玩一天，或者让孩子自己选择。当情绪有了发泄的出口，沮丧自然就不会停留太久。

三、帮孩子寻找快乐

在繁重的学业任务面前，孩子每天上学、放学、做作业，难免会感到疲倦。尤其是当孩子进入高中后，面对人生最关键的高考压力陡增。

在这个阶段，家长要格外注意孩子的心理健康，在课业之余替孩子寻找快乐。

悉心准备的一份惊喜、孩子一直想要做却没有能做成的事情、一次在草地上的纵情奔跑等，都能让孩子减轻压力。哪怕再怎么忙碌，只要用心，生活中就不会缺少快乐的时光。

四、让孩子干一件她擅长的事情

沮丧，很多时候都来源于失败。既然如此，不如让孩子在她擅长的领域去寻回信心。

每个孩子都有自己擅长的领域,有的具备绘画的天赋,有的能弹出动听的琴声,有的是短跑健将……从小发掘孩子的天赋并加以培养,就能在孩子沮丧的时候,让她重拾信心。

五、带孩子一起运动

心理学研究表明,运动能给人带来短暂性快乐,明显改善负面情绪。运动能促进人体的内分泌变化,刺激内啡肽的分泌。内啡肽也被称为"快乐激素"或者"年轻激素",它能让人感到欢愉和满足,甚至可以帮助人排遣压力和不快。

我们仔细观察,就能发现在运动得大汗淋漓的孩子的脸上,充满开心的笑容。所以,当孩子遇到挫折时,不妨带他们一起运动吧!既能让孩子开心起来,又能培养亲子感情。

怕黑，并不丢人

小雅上小学三年级了，她有一个幸福的家庭，父母感情和睦，家人都疼爱她。为了让她从小学会独立，在她刚出生的时候，家里就给她准备了一个单独的房间。

晚上，和爸爸下完一盘跳棋，小雅站起来望着她房间的方向，犹豫了几分钟没有说话。

"小雅，你怎么了？"爸爸问她。

小雅抿了抿嘴，说："我今天在学校画了一幅画儿，我想拿给你们看。"

妈妈抬头看着她，笑着说："我们都很期待呢，你快去拿吧！"

"可是……"要去她自己的房间,就要经过一个没有开灯的通道,黑色在通道中投下阴影。这短短十几步的距离,让她从心里感到害怕。

"我有点儿困了,妈妈陪我去睡觉吧!"小雅请求道。

妈妈答应了她,陪她走到房间中,小雅从书包里拿出画儿交给妈妈说:"妈妈,您看我画得好吗?"

妈妈仔细看了画儿,表扬她说:"比上次有进步呢!画得很认真,颜色搭配很美,小雅太棒了!"

小雅甜甜地笑了,开心地说:"谢谢妈妈。"

"小雅你快睡吧,我把画儿拿给爸爸看。"妈妈温柔地替她拉上被子,伸手就要关灯。

小雅突然勾住妈妈的袖子,说:"妈妈,您就在这里陪着我睡,好吗?"

"好,我等你睡着。"

"妈妈最好了!"

关了灯,房间里陷入黑暗之中。小雅翻了个身,靠着妈妈温暖的身体才觉得心安,不一会儿便陷入了梦乡。

妈妈又等了一会儿,看着女儿彻底熟睡,才轻手轻脚地将她的胳膊放回被子里,悄悄离开。

看见小雅妈妈出来,爸爸问她:"睡着了?"

妈妈点了点头,说:"这孩子,还是怕黑。不敢一个人回房间,不敢一个人睡觉,都是因为怕黑。"

"是啊,她还不说。"

"孩子长大了,应该是觉得怕黑这事丢人。"小雅的父母十分了解女儿,知道女儿行为背后的原因。

"可是,她已经三年级了,怎么还会怕黑呢?"

黑暗,代表着未知,而人类最大的恐惧正是来源于此。对黑暗感到恐惧,是人类自我保护的本能反应。从儿童心理学的角度来看,孩子怕黑是正常现象。

孩子怕黑的原因多种多样,主要有以下三种:

一、泛灵心理

泛灵心理,是瑞士著名的心理学家皮亚杰提出的一种独特的心理现象,普遍存在于孩子三四岁的年纪,直到八岁以后才会慢慢消退。

这个时期的孩子,会把一切东西都视为有生命、有思想感情和活动能力的,他们会和玩具讲道理、把洋娃娃当作真正的玩伴,容易接受童话故事、寓言中的人物角色,很难区分现实与虚构。

如果在这个时期,孩子看到了让他们感到害怕的画面,听到了妖魔鬼怪害人的故事情节,他们就会从心里感到恐惧,甚至会产生幻觉。

安静的夜晚、黑暗的房间,会激活孩子的想象力,让他们联想到那些可怕的怪物,不敢睡觉。

二、缺少父母的陪伴

因为工作关系，父母常常在外忙碌，孩子交给老人或者保姆看管。缺失父母关爱的孩子，心中感到孤独，严重缺乏安全感。他们会表现出怕黑、胆小、不合群的特点，甚至有被遗弃的感觉。怕黑不敢一个人睡觉，只是其中一种表现。

在此我们呼吁，为了孩子的健康成长，父母应该尽最大可能地陪伴在孩子身边，给予他们情感关爱。

三、家庭教育方式不当

"你再哭，再哭警察叔叔就来把你抓走！""妖怪会吃掉不听话的孩子！"这样的话我们并不陌生，家长常常以此来吓唬孩子，让孩子乖乖听话。这样的吓唬虽然有效，却会在孩子的心中埋下恐惧的阴影。

此外，在一个冷漠紧张的家庭环境中长大的孩子，因为时常担惊受怕，所以变得胆小、自卑、缺乏勇气。

小雅怕黑，明显不属于后两种情况，而是因为泛灵心理仍然影响着她。她现在能分清现实与虚构，但因为想象力太过丰富，总觉得黑暗中潜藏着未知的怪物与危险。

那么，我们应该怎样帮助小雅呢？

第一步：鼓励孩子正视"怕黑"这个事实

小雅明明很怕黑，却因为觉得丢人，不愿意把这件事告诉爸爸妈妈。我们要保护孩子的自尊心，可以委婉地告诉她：怕黑并不是丢脸的事情。

小雅的父母经过商议，由爸爸去跟孩子谈心。"小雅，想不想听爸爸小时候的事？"

"当然想！"小雅连连兴奋地点头。于是，爸爸给她讲了一个他小时候因为怕黑而不敢走夜路的故事。

小雅听完后问："爸爸，你小时候也会怕黑吗？"

"当然会，哪个孩子不怕黑？这是很正常的事情。"爸爸抚摸着小雅的头，笑着说。

"真的吗？"原来不只是自己一个人，就连爸爸也怕黑呢，小雅在爸爸这里找到了共同语言，鼓起勇气说，"爸爸，我也害怕。"

面对孩子不愿倾诉的时候，父母可以用自己的亲身经历，来告诉孩子并不是她一个人有这样的经历，不是她一个人在面对。这样，可以帮助孩子放松心情，说出心里话。

第二步：正面引导，让孩子说出她害怕的是什么

只有当孩子说出让她恐惧的事物，她才能去克服，父母不要担心因此会让她加深恐惧。只有说出来，才能迈出克服恐惧的第一步。

当孩子说出自己怕黑的事实时，我们切忌说出"这有什么好怕的？"类似的话，而是应该用轻柔的语气询问她到底怕什么，为什么怕。只有找到症结，才能对症下药。

小雅爸爸正是这样做的，他语气和缓地问："小雅，可不可以告诉爸爸，你在害怕什么？"

看着爸爸鼓励的眼神，小雅终于说出了深埋在心里的恐惧，她说："我们住小木屋那次，你们都睡着了。外面的树枝被风吹着飘来荡去，我从窗户望出去，就好像看到怪兽一样。"

爸爸恍然大悟，原来是因为这个。女儿口中说的住小木屋，是在她幼儿园大班的时候，一家人外出旅行时的事情。树林里景色很美，女儿玩得也很开心，没想到在她心里还留下了这样的可怕印象。

第三步：和孩子一起，探索黑暗中的乐趣

带领孩子发现黑暗中美好的一面，有助于她克服怕黑的恐惧心理。

弄明白了孩子心中的恐惧，父母安排了一次旅行，再次踏上了小木屋之旅。这次他们没有选择住在小木屋里，而是在旁边的露营草地上搭上了帐篷。

阳光透过树梢投入林间，斑驳的光影十分美丽。妈妈拿出提前准备好的画板，和小雅一起写生。白天的时光十分美好，到了晚上小雅的神情就开始变得瑟缩。同样的地方，这次她还失去了小木屋的保护。

妈妈将她抱在怀里说："小雅，你还没见过夜里的树林吧？我们晚上一起去探险，怎么样？"

探险？小雅十分向往，可她想起晚上的可怕又缺乏勇气。

爸爸说："别怕，爸爸陪着你们。"他准备了三个手电筒，每人手里拿着一个。每当小雅脸上出现害怕的表情时，他就把手电筒照过去，在明亮的光线下，他们发现那里只是草丛深处，什么都没有。

小雅的心情，慢慢放松下来，跟随爸爸妈妈一起，好奇地用手电筒去探索夜晚的世界。她发现，明明是一样的景色，夜色却给树林笼罩上一层神秘，等待着她去发现。

穿过一片树林，他们来到一个池塘边。"妈妈您看，太美了！"眼前水边的草丛中，有无数萤火虫在飞舞着，像天上的星辰一般美丽。小雅停住了脚步，害怕打扰了这群美好的生灵。

原来，夜晚竟然如此美丽！这次探寻之旅，让小雅彻底明白了黑暗并不可怕，那里没有怪兽，只有她未曾发现的美好。

管理情绪，并非拒绝孩子的情绪

我们说要教会孩子管理情绪，是要让孩子做情绪的主人，不被负面情绪所驱动。但我们一定要清楚，这绝不代表着，孩子不能表达出愤怒、伤心、沮丧、急躁、嫉妒等情绪。

情绪本身并没有好坏之分，我们将这些情绪定义为负面情绪，是因为它们会带来错误的思想，让孩子表现出不好的行为。

教导孩子管理情绪，首先要教会孩子分辨情绪、认识情绪、表达情绪。下一步，才是让孩子学会克制情绪、把握表达情绪的分寸。

在这个教育过程中，我们一定要牢记自己的目的，不可矫枉过正。

"哭什么哭！有什么可哭的？"在从舞蹈班回家的路上，希希妈妈这样教训女儿。希希在这节课的表现不如意，被老师批评了几句，于是她一路上都伤心地抽抽搭搭。被妈妈这么一吼，希希吓得停止了哭泣，打起嗝来。

回到家吃过晚饭，妈妈陪她下楼和小朋友一起玩儿。她们住在一个特别大的小区，每天到了这个时候，小区的广场上就特别热闹。有跳广场舞的老年人，有骑自行车、溜冰的小学生，还有像希希这么大的幼儿园小朋友。很快，希希就找到了熟悉的玩伴，一起玩儿了起来。

可是没过多久，希希就十分生气地跑过来告状说："妈妈！晓玲抢了我的长颈鹿！"那个长颈鹿是希希最宝贝的布偶，只要回到家就抱着，走到哪里抱到哪里，就连下楼玩儿也带着。

妈妈一看，说："你不是还抱着长颈鹿吗？"

"那是我抢回来的！"希希摸了摸长颈鹿的耳朵说，"你看，耳朵这里都差点儿被扯坏了。"

她刚刚说完话，晓玲就拉着她的妈妈走了过来，哭着说："妈妈，就是希希，希希她打我！"

希希愤怒地涨红了脸说："我没打你，你胡说八道！我只是要拿回我的长颈鹿。"

两个小女孩在幼儿园里是同班同学，因为又住在一个小区，从小就一起玩儿。因为这样，两人的妈妈也都熟悉起来。现在两个小朋友发生了不愉快，就分别找自己的妈妈告状。

"希希，你们是好朋友，你也拿回了长颈鹿，快跟晓玲说对不起。"希希妈妈这样说。

"不用了不用了。"晓玲妈妈连忙摆手说，"孩子在一起玩儿，争抢玩具闹出了什么小矛盾，都是正常的事。"

希希怒视着晓玲，说："你哭什么哭！有什么可哭的？明明是你先抢我的长颈鹿！"这么一来，晓玲就哭得更厉害了，晓玲妈妈连忙安抚着女儿。

"你怎么这样！"女儿不听自己的话让希希妈妈脸上觉得有些挂不住，她训斥女儿说，"小小年纪怎么这么自私？晓玲又不是想要你的长颈鹿，只不过拿去玩一会儿，你发什么脾气？"

被妈妈教训，希希在原地愣了一会儿，紧接着哇哇大哭地跑掉。"啊，对不起，下次见着我一定让她给晓玲道歉。"希希妈妈连忙对晓玲妈妈说了这句话，就赶紧去追女儿。

孩子们在玩耍的时候，发生一些小摩擦、闹矛盾，是最常见的事情。在这个时候，孩子难免会变得激动，呈现出愤怒、伤心等情绪。

对父母来说，他们当然希望自己的孩子每天都开开心心，不会被这些情绪所困扰。但事实上，这只是一种美好的愿望与祝福，在实际的生活中并不现实。孩子的心情，最容易受到外界环境的影响。一枚亮晶晶的发夹会让她开心许久，一点小事又会让她发脾气。正因为这样，才需要父母教导孩子正确地管理自己的情绪。

但是，像希希妈妈的做法，就犯了三个重要的错误：

一、在潜意识中，她不愿见到自己的女儿表现出负面情绪

或许希希妈妈并没有认识到这一点，但实际上，她并不想看见哭泣、生气、愤怒的女儿。她爱女心切，只想看见活泼开朗、给家人带来快乐的希希，不想女儿陷入负面情绪中。

但她却忘了，就连成年人也无法拒绝负面情绪的到来，孩子怎么能做到？如果女儿真的做到了，她就不是一个活生生的、有血有肉的孩子，而是一个已经被训练到麻木、不敢表达自己情绪的木偶。

被老师批评会哭泣、被玩伴抢了心爱的玩具会愤怒，这都是孩子十分正常的情绪反应，孩子有权表达情绪。

二、斥责的教育方式，无法收到预期中的效果

当孩子出现负面情绪时，斥责只能表达家长的不满，对控制事态常常没有任何帮助。

这个时候，正是孩子情绪激动的时候，批评与斥责只会火上加油。就算孩子因为父母的呵斥停止了行为，但其实并没有消除这种情绪。

就像在一开始时希希虽然停止了哭泣，但难过的情绪并没有得到释放，妈妈批评她的话还被她牢牢记住，最后用在了和小朋友发生矛盾的时候。

三、给孩子贴上不好的标签

两个孩子争抢玩具，是十分常见的事情，谁赢谁输都不是大事。但是，希希妈妈指责孩子太自私，就是给孩子贴上了负面的标签，将影响孩子的心理健康。

对希希来说，长颈鹿布偶是重要的玩具，她已经具备了"物权意识"，并不想和别人分享。我们要尊重孩子的决定，不能因此而将她定义为"自私"。

不仅仅是这件事，在实际的生活中，我们一定要避免给孩子贴上各种标签。父母对孩子的影响是巨大的，自私、胆小、内向等标签，孩子一旦接受，性格就会逐渐往那个方向发展，这和父母的愿望背道而驰。

那么，当遇到这样的事情时，应该怎么做才是正确的选择呢？

第一步：建立同理心

父母要养成和孩子建立同理心的习惯，这会为亲子间的沟通打下良好的基础。

当孩子遇到事情的时候，如果父母能理解她、接纳她，她的情绪就找到了出口，就能够获得释放。

希希在舞蹈课上因为表现不佳被老师批评，对她来说是一件难过的事情。这个时候，妈妈可以这样做：

"希希，怎么这么伤心？你是因为自己没跳好伤心，还是因为被老师批评伤心呢？"这个问题，是要弄明白孩子哭泣背后的真正原因。

当希希回答是因为被老师批评伤心时，妈妈可以这样说："原来是这样，妈妈在小时候也遇到过这样的事情，明白你的感受。"妈妈这样说，就能让希希从自己被批评的事情上转移注意力，停止哭泣。

"我明白你的感受"是一句有魔力的话，它能让对方感受到关心与爱，感受到被了解、被接纳。

第二步：对孩子的负面情绪建立正确认识

孩子会有自己的情绪，他们的情绪常常会影响家长。但是，他们不必因此而承担家长的情绪，他们需要承担的是因此而产生的后果，我们有必要将这两者分开。

就像希希和晓玲发生了矛盾，她很生气。她生气的后果，是在抢夺长颈鹿的时候，不小心伤了晓玲。希希只需要对这个后果负责，而不需要对妈妈因为她不道歉而觉得丢脸负责。家长的情绪，应该自己设法处理好。

负面情绪并不是洪水猛兽，而是在孩子身上客观存在的事情。我们要做的不是逃避、不是拒绝，而是通过处理这些事情，来教会孩子怎样和负面情绪相处，如何才能从负面情绪中走出来。

第三步：引导孩子进行情绪管理

当孩子生气时，我们可以这样说："妈妈知道你现在很生气，这很正常，毕竟长颈鹿是你最心爱的玩具。你看，现在长颈鹿在你的手里，妈妈让你冷静五分钟，然后跟晓玲道歉，好吗？妈妈说过，不管怎样，动手打人的那一方就有错。"

当孩子哭泣时，我们可以这样说："妈妈知道你现在不开心，很难过。你想哭的话，就痛痛快快哭出来，妈妈会一直在这里陪着你。但你要答应妈妈，哭过之后，就不要再难过了，好吗？那会让你自己不开心。"

当孩子冷静下来后，我们可以替她分析刚刚的负面情绪为她带来了什么，让她认识到如果不加克制的后果，并告诉她该怎样处理才是最佳的解决办法。

管理情绪，不是一件容易的事情，不可能一蹴而就。家长朋友们要保持足够的耐心，在一次又一次的教育实践中，对孩子进行反复教导，他们就能慢慢学会。

第五章

要合作不要对抗,实现共赢

随着孩子的不断成长,我们会逐渐感觉到孩子没有以前那样听话。他们有了自己的主意,父母的意见变得不那么重要,他们甚至还会和父母进行对抗、争吵。

在孩子的成长过程中,会迎来三个重要的叛逆期:二至四岁的婴幼儿叛逆期、七至九岁的儿童叛逆期、十二至十六岁的青少年叛逆期。在这期间,如何教育孩子,就成了家长朋友们最头痛的问题。

在本章中,我们将剖析在实际生活中遇到的案例,共同寻找可供教育实践的解决之道。

用正面管教解决叛逆期三大矛盾

正值课间,初中二年级四班的教室里热闹非凡。期中考试结束了,同学们都松了一口气,讨论考试内容,交换着关于解题方法的心得。王静和几个好朋友聚在一个角落里,谈论着另外一件事。

"你们知道吗?下周六,就在我们市的体育馆,要举办电竞决赛!"一个女同学神情兴奋地说着。

"啊,真的吗?好想去,好想去!"王静也跟着点头,她们几个都有看电竞比赛的共同爱好,能到现场看一次决赛,是她们的心愿。

"当然是真的,排名前十的战队都会来。"那位女同学说,"我姨夫是体育馆的工作人员,可以帮忙买票。你们想不想去?"

"想去!那就麻烦你帮我们买票。"于是,几个人就约好,下周六去看比赛。一想到能亲眼观看比赛而不是隔着屏幕,她们的心里就充满了兴奋。

回到家,王静却有些犹豫,父母并不赞同她的这项爱好,认为玩游戏就是不务正业、玩物丧志。要是他们不让她去,该怎么办?思来想去,她决定试探一下。

"妈妈,我听说体育馆要举办电竞比赛了!"

"什么电竞比赛?乱七八糟的。"妈妈头也不抬地说:"静静啊,妈妈说了多少次,你都初二了,心思要放在学习上,不要成天想着这些玩儿的事情。"

"妈妈,电竞比赛已经是正式的脑力竞技体育运动,跟围棋、象棋都是一样的,怎么就是乱七八糟的了?"王静反驳着说。

妈妈摆了摆手说:"那能一样吗?打游戏能有什么前途!要我说啊,这就是误人子弟。"

"可是……"王静还想再说什么,妈妈制止了她,说:"别可是了,你有空的时候看比赛视频我也没有说过你,但我是不赞成的。"见妈妈的态度如此坚决,王静只好把心里的话咽了下去。

这样看来,妈妈是一定不会允许自己去现场看比赛的了！王静想了几天，另外想了个办法，对妈妈说："妈妈，下周六学校要加课，总结期中考试。"妈妈没有怀疑，说："好，要交资料费吗？"

王静有些心虚，连忙说："不用，就是集中讲一下卷子上的重点。"

她把自己攒下的零花钱交给同学买票，到了比赛那天准时出现在体育馆外，几个人一起高高兴兴地去看比赛。比赛很精彩，直到结束几个人都按捺不住自己的兴奋之情，一路议论着出了场馆。

妈妈面沉如水地看着走出来的女儿，喊了她的名字："王静。"

听见妈妈的声音，王静的脸瞬间变得雪白，说道："妈妈，您怎么来了？"

"我不来，怎么知道你会在这里？还骗我去学校上课，你上课上到这里来了？"妈妈想不通，一向听话的女儿怎么如此胆大妄为，明明知道是自己不赞成的事情，还用撒谎来达到目的。

明明乖巧听话的女儿，怎么突然间就有了自己的主意，瞒着父母去做她想要做的事情呢？我们不能简单粗暴地将这样的现象归咎于孩子到了叛逆期。

让我们来分析在这个特殊时期，容易出现的三大矛盾：

一、孩子自我意识觉醒和父母管教之间的矛盾

王静已经进入青春期，自我意识逐渐觉醒，具备了初步的人生观和价值观。在这个阶段，不仅仅是生理上发生变化，心理上的变化更为剧烈，具体有如下三点表现：

1. 具备独立思考能力。

在小的时候，孩子遇到问题时会对家长发问。而进入青春期后，他们会自己去思考、分析，通过查阅资料，通过独立的思考、探讨去获取答案。

用自己的头脑去思考，这是青少年即将迈向成人阶段的重要标志，也是他们自我意识的巨大进步。

2. 对事物有了自己的判断与评价。

家长对一件事物的好恶，不再能影响到青少年的判断，他们已经形成了自己的评价体系。就像对待电竞比赛的态度，妈妈认为是耽误学习、没有前途的一件事，但王静并不认可妈妈的观点。

在这个时期，孩子不再使用"爸爸夸我画画很棒"这样的表述方式来肯定自己，而是采用"我打篮球还不错"这样的句子。注意到了吗？家长的评价不再占据主导地位，"我"成为句子中的主语。

3. 自己做决定。

在很多事情上，这个时候的青少年都倾向于自己做出决定。小到穿什么颜色的衣服出门，大到高考时填报志愿，他们都有自己的主见与选择。父母如果支持最好，如果不同意难免就会发生冲突。就像王静明知妈妈不赞同她去看电竞比赛，她还是做出了用撒谎来达到目的的决定。

从以上分析可以看出，孩子的自我意识觉醒带来了自主意识。假若家长朋友们仍然采用以往的管教方式，要求孩子按家长的要求去完成某些事情，强迫孩子认同家长的观点，势必会和孩子发生冲突。

二、孩子的爱好不被父母理解的矛盾

孩子和父母是两代人，分别在不同的时代背景下成长，这造成了迥异的审美和爱好。

在王静妈妈成长的环境中，没有互联网，没有智能手机，更没有电竞比赛，而"玩物丧志"这句古训已经刻在了妈妈的教育观里。打游戏是体育竞技项目，在王静妈妈看来十分荒谬，不能理解。

因此和孩子发生矛盾，也就不足为奇了。

三、孩子渴望独立与现实之间的矛盾

苏联著名教育实践家和教育理论家瓦·阿·苏霍姆林斯基用这样一段话来阐述青少年的心理需求："不要

管着我,不要跟着我,不要每走一步都束缚我,不要照看和不信任我,用褟褓带子捆住我,也不要总是提起我在摇篮里的情景,我已长大成人。"

在这段话中,我们可以看出青少年对独立自主的渴望,以及对自我意识的肯定。但在实际生活中,未满十八岁的青少年属于未成年人,必须有法定监护人,不具备独立的公民权、选举权与被选举权。这是因为他们的知识体系尚未完善,缺乏社会经验,还不能独自承担复杂的任务。

青少年在心理上渴望独立,在生活上却必须依赖父母,无法实现真正的独立。这两者之间的矛盾,常常成为家庭发生摩擦、冲突的源头。

那么,在青少年叛逆期里,我们应该怎么做?让我们先来解决王静和妈妈的矛盾,同时提供具备借鉴意义的实际解决办法。

第一步:进入孩子的世界,充分了解孩子的心理需求

作为父母,不能用自己固有的经验来判断孩子的喜好,墨守成规在教育上只会造成阻碍。我们要有与时俱进的觉悟,活到老学到老的精神,紧跟时代的潮流,不拒绝新生事物,做能和孩子沟通的父母。

孩子的世界，是全新的世界，我们要抱着学习的态度去了解这些新生事物。先进入，才能了解，才知道其中的利弊，才不会和孩子产生沟通障碍。

有时不是孩子不愿意说实话，是父母的态度让他们不敢说实话。王静撒谎固然有错，但妈妈坚决的态度才是导致她撒谎的根本原因。

第二步：尊重孩子，不肆意批判孩子的爱好

每个人都有自己的喜好，不诋毁别人的喜好是做人的基本修养。那为什么，家长就要对孩子的爱好加以批判呢？

爱好没有对错，只有尺度。不存在喜欢下象棋的人，就会优于喜欢看电竞比赛的人这样的说法。如果一个孩子特别喜欢下象棋，过度沉迷也会影响学业。

家长可以不理解孩子的爱好，但却不能不了解，更不能去批判。否则，只会将孩子推离我们的身边，让他们不愿意与我们沟通。

孩子还缺乏判断能力，如果没有了沟通的桥梁，家长就无法替孩子把关。只有尊重孩子，孩子才会跟家长说心里话，家长才能及时给出正确的建议并且加以引导。

第三步：平等沟通，理解对方

"平等"并不只是停留在纸面上的一个词，而是需要互相尊重的一种态度。在这里，不仅仅是指父母要平等地对待孩子,孩子也要平等地对待父母,才如此能真正地理解对方。

父母改掉"孩子还小,懂什么?"的心态,孩子也不要对父母抱有"反正我跟你们说了,你们也不会懂"的观念。在沟通上,只有双方都各退一步,替对方多想一步,才能理解对方,达成有效沟通。

王静的行为让妈妈十分生气,要不是去孩子学校附近办事,顺道去看看孩子的情况,妈妈会一直被蒙在鼓里。面对妈妈的怒火,王静赶紧认错,但这并没有让妈妈感觉好过一些。

带着这个心结,王静妈妈去学校寻求班主任老师的帮助,希望从老师那里找到答案。她没有失望,老师就这个阶段的青少年心理与王静妈妈进行分析,并指出她做得不对的地方,她这才恍然大悟。原来,在这件事上错的不仅仅是女儿。

第四步:达成契约,父母和孩子共同遵守执行

回到家后,妈妈找女儿谈心,说:"静静,老师跟我说过了,电竞比赛的训练强度不亚于奥运会项目,是被国家认可的正规赛事。在这点上,是妈妈不对。"

妈妈突如其来的道歉,让王静愣了片刻,王静有些不敢相信一向坚决反对的妈妈,态度会突然转变。

"下次如果再有这样的比赛,你带妈妈一起去看,好吗？妈妈也想要见识一下，电竞比赛究竟为什么吸引着你。"

"真的吗？"王静的眼睛闪闪发光，她雀跃地说，"那太好了！妈妈您不知道，每个战队的特点都不一样……"说到自己喜欢的事情，她一张嘴就停不下来，而妈妈含笑听着，才发现原来在这里面有这么多自己不了解的学问。

对青少年而言，父母的意见不占据主导地位，但他们仍然在内心深处依赖着父母，渴望父母的认可。妈妈的话，就替母女二人打开了一扇新的沟通窗口。

最后妈妈说："静静，我们来做一个约定怎么样？以后我不了解的事情，妈妈答应你会先去了解，不会盲目阻止。但你也要答应妈妈，不要对妈妈撒谎，瞒着妈妈去做妈妈不赞同的事情。"

"好！"王静高兴地一口答应下来，伸出手指说，"妈妈，来，我们拉钩！"

女孩爱漂亮，能不能化妆？

成了高中生，妈妈发现姗姗越来越爱漂亮。出门时，总要对着镜子照半天，衣服也变着花样搭配。学校规定不允许染发、不允许佩戴饰品，姗姗就在网上研究扎头发的花样，就连马尾辫也能好几天不重样。

"姗姗，快一点儿，要迟到了！"妈妈站在门口喊着女儿说，"你看看这都几点啦？"

"来了，来了！"姗姗脆生生地应了，像一只快活的百灵鸟出现在家门口，笑着说，"妈妈您就放心好了，不会迟到的。"看着青春洋溢的女儿，妈妈也不忍心再责备她，两人说说笑笑地出了门。

今天是姗姗参加钢琴比赛的日子。到了比赛场馆，老师给她化了妆，让她换上美丽的浅蓝色纱裙。这不是她第一次参加比赛了，姗姗落落大方地走上舞台鞠躬，坐到钢琴前开始弹奏，悦耳动听的旋律从她的指尖倾泻而出。

妈妈看着好似小公主的女儿心生感慨，原来在不知不觉间，女儿已经长得这么大了。

比赛结束后，妈妈夸奖女儿说："今天比赛表现得很不错，你的台风越来越沉稳了。"姗姗眉开眼笑地挽着妈妈的胳膊说："妈妈，那我想要一个奖励。"

"什么奖励？"妈妈笑着问她。

"我想要一支口红。"姗姗说完，怕妈妈不同意，连忙补充说，"妈妈您看，我要参加钢琴比赛，在学校还经常有演出，都需要化妆。"

妈妈想了想说："你还是学生，需要化妆的时候毕竟不多，用不完还容易过期。要不然，我把我的口红拿一支给你用。"

"我想要一支我自己的，好不好吗？"姗姗说。

"你年纪还小，着急什么？妈妈答应你，等你成年后就带你去挑一支。"妈妈既然都这么说了，姗姗只好不情不愿地答应了下来。

但是，口红的颜色是多么美丽，让她心生向往。想要一支口红的愿望,牢牢地占据了姗姗的心。她想在除了比赛表演的时候,也能化上美丽的妆,于是她约上自己的好朋友,用自己的零花钱去买了一套化妆品。学校不允许化妆,她就自己在家偷偷化,或者周末和同学、朋友相约外出时带去化。

一个月后,姗姗觉得自己的脸上有些痒,对着镜子一看,原来起了一片红色的疹子,越挠越痒。她越看越是害怕,连忙找到妈妈问:"妈妈,我这是怎么了?"

"可能是过敏了!快,妈妈带你去看皮肤科,过敏了不能乱涂药。"

到了医院面对医生的询问,姗姗怕耽搁病情,不敢再有隐瞒,说出了她偷偷用了化妆品的事实。

"化妆品里大多都含有化学成分,有些还含有激素、重金属成分,未成年人一定不能乱用,严重的就算医好了也会在皮肤上留下痕迹。"医生给她开了内服外用的药,嘱咐姗姗说,"记住了,千万别乱用化妆品。"

姗姗现在知道了事情的严重性,连忙答应下来。

回到家,妈妈没有批评她,只是说:"姗姗,你把你买的那些化妆品拿过来给我看看。"姗姗买的这些化妆品有粉底液、口红、眼影、腮红,从小就参加表演的她知道如何使用化妆品。可是,这些化妆品的质量并不好。

女孩长大了，有一颗向往美丽的心并没有错。未成年人该如何正确使用化妆品呢？我们需要注意以下三个问题：

一、孩子皮肤娇嫩，角质层薄，并不适合用化妆品

上架销售的化妆品大多数都是为了成人而存在，添加了各种化学成分，含有各种提取物及激素。这些化妆品中所含的化学物质，并不是皮肤补充营养、代谢所需的，成分天然、无伤害的化妆品极少，且价格昂贵。

而未成年人的皮肤角质层薄，肤质敏感，成人的化妆品并不适合孩子。长期使用，会破坏孩子的皮肤屏障，加重皮肤负担，导致皮肤老化。如果再使用不当，很容易导致过敏，诱发皮肤炎症。

在所有的化妆品中，一定要注意睫毛膏的使用方法，能不用则不用。睫毛属于人体不可再生的器官之一，一旦伤及毛囊，就无法再生。

不只是化妆品，成人使用的护肤品、洗发水等孩子也不能使用。目前市面上很少有专门为青少年生产的护肤品，当天气干燥时，青少年可以选择使用婴幼儿的润肤乳。

二、只在需要化妆的场合化妆

对正在生长发育的孩子来说，在使用正规化妆品的前提下，可以在需要化妆的场合化妆。

登台表演时、出席重要场合时，可以给孩子化妆。舞台的灯光绚丽耀眼，不化妆就达不到效果；在重要场合也不妨替孩子化上淡妆，让她更加自信美丽。

不赞同孩子化妆，并非认为她们没有追求美的权力，而是为了保护她们。

三、孩子化妆，需要了解正确的化妆步骤

既然要化妆，就要做到正确地化妆，才能将化妆品带来的伤害降到最低。

化妆前，使用润肤乳做好皮肤护理，千万不能直接上粉底。然后涂上隔离，为皮肤做好隔离屏障，最后才是粉底－眼影－腮红。

给孩子化妆，步骤不如给成人化妆复杂，但该有的步骤一定不能省，尤其是最后卸妆这一步，要使用专用的卸妆乳，仔细地替孩子去除残留物，再清洁面部，涂上护肤乳。

姗姗皮肤过敏，应该怎么做呢？

第一步：妈妈教会她正确的皮肤护理知识

我们追求心灵美，但外表对女孩来说同样重要，我们不仅要呵护孩子的内心，还要教会孩子爱护自己的身体、皮肤。

"姗姗，妈妈并不是反对你化妆。"妈妈拉着女儿的手说,"妈妈在你这个年纪也爱美,但化妆会让你的皮肤变得糟糕。你在哪里买的这些化妆品,贵吗?"

"妈妈对不起,我现在知道严重了。"脸上长出的那些红疹太可怕,早知道这样的结果,她绝对不会去尝试,她接着说道,"我和同学去化妆品批发市场买的,那里便宜。"她攒下的零花钱并不多,买不起商场专柜里的化妆品。

妈妈并没有责怪她,温和地说:"该说对不起的是妈妈才对,我没有意识到你已经长大了,应该及时将这些知识都教给你。批发市场是有便宜的化妆品,但质量不好。刚才妈妈都看过了,像这个眼影里面就不知道添加了什么成分,颜色才会这样闪亮,很可能是重金属物质。"

姗姗认真地听着妈妈的话,学习着女孩的必修课。

第二步:遵医嘱,认真调理皮肤

因为不当的使用化妆品让姗姗的皮肤过敏,所以她接下来最重要的事情就是遵照医生的嘱咐服用医生开的药。

此外,在皮肤恢复期间还要忌口:辛辣类、海鲜类、豆制品、油腻食物不能吃,菌类中的木耳、蘑菇不要食用。适合多吃的食物有:新鲜的能促进皮肤新陈代谢的蔬菜、富含 VC 和纤维素的水果。同时记得多喝水来促进新陈代谢、加速排除体内的垃圾。

当皮肤过敏症状痊愈后，也要遵照正确的护肤方法，不要使用成人的护肤品，正确使用化妆品。

第三步：自信是女孩最美丽的化妆品

"清水出芙蓉，天然去雕饰"，这两句诗最能形容处于青春期风华正茂的女孩们。青春，是她们最好的护肤品；自信，是她们最佳的化妆品。

就像姗姗从容地登上表演舞台，脸上的妆容只是锦上添花，自信是她魅力的源泉，辛苦练琴获得的实力才是她的制胜法宝。

追着孩子喂饭不可取

每到吃饭时间,就是家里最热闹,也是露露的爸爸妈妈爷爷奶奶最头痛的时候。

"露露,吃饭了!"妈妈将饭菜端上了桌,喊女儿吃饭。两岁的露露专心致志地玩着眼前的积木,对妈妈的声音充耳不闻。

奶奶走到她跟前说:"露露快去吃饭,一会儿再来玩。"说着就去拿她手里的玩具。"不!"露露伸出胳膊护着她的积木,把头摇得跟拨浪鼓一样,嘟着嘴说着,"不吃不吃我不吃!"

"这孩子,怎么就不爱吃饭呢!"爷爷摇了摇头,把露露从地上抱起来,想把她抱到餐桌边。

露露手里抓着两块积木,在半空中挥舞着胳膊蹬着小腿挣扎起来。当她发现挣扎并没有作用的时候,立刻惊天动地地大哭起来,屋子里顿时充满了她的哭声。

"爸,不要管她。"露露爸爸把露露从爷爷手里接过来放在地上,说,"我们先吃饭,不能为了她一个孩子耽误了所有人。"

露露停止了哭泣,爬回去继续玩积木。奶奶担心地看着她,说:"孩子还小,不吃饭怎么长身体?"于是,奶奶赶紧吃完饭,端着露露的碗,夹了好几样菜放在碗里就去喂她。

"妈,不要给孩子喂饭,她饿了自己就知道吃。"

"那怎么行?我喂她,她好歹能吃点儿。"奶奶心疼孩子,将饭送到露露口边,喂一口,露露张嘴吃一口。就这样过去了十多分钟,露露已经吃完了半碗饭。

奶奶笑了,说:"看,我说什么?谁说露露吃饭不乖的。"奶奶刚说完,露露就好像想起了什么,噌地一下站起来跑掉了。

跑的时候因为动作太大,碰到了奶奶手里的碗,差点儿把碗打翻。奶奶连忙将碗端好,问:"露露,你去哪里?饭还没吃完呢!露露乖,把饭吃了再去。"

"不,我要去拿芭比娃娃,现在就要去!"露露从自己房间里找出芭比娃娃,拿着满屋子乱跑,奶奶就端着碗在后面追,趁她稍微安静下来就往她的口中塞一口饭。一顿饭吃完,奶奶已经累得气喘吁吁。

如今,老人追着孩子吃饭的场景十分普遍。孩子到了饭点因为正在玩耍而不愿吃饭,老人担心孩子吃不饱长不高,于是就端着碗追着孩子喂。年轻的父母们虽然大多在心里并不赞同,但碍于老人爱孩子的心,不便阻止。

但是,追着孩子喂饭的行为绝不可取。在这之前,让我们先来了解为什么孩子总是不愿意吃饭

一、孩子不觉得饿

处于物质丰富的现代社会,大多数孩子都被精心呵护着长大,水果、零食,家里总是应有尽有。孩子没有尝过饿的滋味,不知道没饭吃的后果。

而老人们则恰恰相反,他们从物质极端匮乏的年代走过来,知道吃不饱饭的滋味。因此,就格外害怕饿着孩子、心疼孩子,总是给孩子准备各种吃的。

孩子的胃原本就不大,在总能获得食物补充的情况下,到了该吃饭的时候,当然就不觉得饿。

二、孩子正值第一个叛逆期,处于"单向思维"模式

两岁的孩子正处于人生的第一个叛逆期,是直线的单向思维模式,经常大脑不会转弯,想什么就是什么。只要

是他们认定的事情，就几乎不可逆转。

比如他们决定了要坐摇摇车，就不会接受转转椅；喜欢了一个熊宝宝娃娃，就不会让其他人碰它。这都是孩子在这个年纪的特殊表现。

就像露露在专注于玩耍的时候，眼睛里只有积木，对家长叫她吃饭这件事就没有反应。她突然想到要去玩芭比娃娃，就一定马上要去拿，奶奶怎么说她也不听。

知道了孩子不想吃饭的原因，现在，我们来谈谈追着孩子喂饭有哪些危害：

一、影响孩子的专注力形成

当孩子正在专心玩耍的时候，我们最好不要去打扰他们。

渴不渴？饿不饿？这些关心孩子的话语和行为，往往会成为后来他们无法集中注意力的根本原因。这让孩子既不能专心吃饭，又不能专心玩耍，明明是爱孩子的行为，却在一点一滴地剥夺孩子的专注力，对今后的学习造成极大影响。

这个时候，我们只需要等待就好。孩子年纪幼小，能专注的时间并不长。当孩子渴了、饿了的时候，他们自然就会寻求父母的帮助。

二、不利于形成良好的生活习惯

追着喂饭的行为，不能让孩子意识到自己正在吃饭。当他们饿了的时候，又随时能吃到零食、水果。

这么一来，孩子的头脑中不会形成"按时吃饭"的条件反射，因为他们根本就没有意识到"一日三餐是固定时间"。所以，到了吃饭时间，孩子没有吃饭的意愿，也就不足为奇了。

此外，还会造成孩子作息规律不健康，生活紊乱。

三、影响孩子正常的生长发育

1. 容易导致孩子消化不良

孩子的注意力在手里的玩具，或者是电视上播出的动画片上，常常将饭含在口中，忘记了自己正在吃饭，忘记了咀嚼下咽。家长以为他们吃完了，又喂下一口，很容易导致孩子消化不良，造成营养吸收问题。

2. 影响孩子的咀嚼能力

咀嚼，是人类的本能，但这些本能也和许许多多能力一样，需要让孩子从小锻炼。由家长喂饭，孩子通常都是在无意识情况下狼吞虎咽，不能充分咀嚼食物，牙齿、面部肌肉的锻炼就会受到不同程度的影响。

3. 缺少精细动作的锻炼，进而影响到智力发育

吃饭，对成人来说是件不需要动脑子的事情，是长期形成的肌肉记忆。但对孩子来说却不同，光是用好筷子这

件事，对孩子就是一个挑战。

吃饭，正是对手部精细动作的训练，还能训练孩子的手眼协调能力、平衡能力。而被家长喂饭的孩子无法获得锻炼，甚至会对智力发育造成一定的负面影响。

四、影响孩子独立意识的培养

追着喂饭，让孩子不用动手，只要张张口就行。长期如此，孩子会养成依赖家长的习惯，减弱孩子的自主意识。

吃饭，本来就是孩子自己应该完成的事情，是生存所需。吃多少、喜欢吃什么菜，这都是孩子自己的选择。但因为追着喂饭，吃饭变成了家长的事情。

幼时孩子不担心自己会被饿到，认为是在为家长吃饭；长大后就不会担心自己学不好，认为是在替家长读书。

那么，我们该如何着手解决老人追着孩子喂饭这个问题？下面的步骤将解决你心头的疑惑。

第一步：尊重老人疼爱孩子的心，和老人进行充分沟通

老人辛苦一辈子，在晚年正是含饴弄孙的年纪，我们必须尊重他们的一番心意。他们喂孩子吃饭，虽然方法不对，但爱孩子的心没错。

他们和年轻的父母一样，都希望孩子能健康成长，喂孩子吃饭也是为了让孩子吃饱。所以，只要我们和老人坐下来进行充分沟通，将喂孩子吃饭的危害告诉老人，他们一定能理解。

当一个家里有长辈时,年轻的父母要时常和长辈沟通,和他们交流育儿经验。当面对孩子时,所有人必须意见统一,才能实施有效教育。

第二步:养成孩子定时吃饭的好习惯

在孩子吃饭前,提前半个小时和孩子进行约定提醒。快到约定时间时,就关掉电视、收走玩具,一家人都坐在饭桌前吃饭。

第一次孩子或许会不习惯,会哭会闹,但只要家长不为所动,将这个做法坚持下去,孩子就会慢慢在头脑中形成条件反射,知道这是吃饭前必须进行的事,不会再反抗。

在吃饭时,不要责怪孩子,更不要因为看着孩子使用筷子困难,就帮助孩子夹菜。让孩子自己盛饭,不够再添。不要因为觉得孩子吃得少而逼着孩子吃,这会让孩子觉得吃饭是一项不得不做的任务。

吃饭的过程,对孩子来说既是一项挑战,也是一个游戏,我们不要给孩子压力,最好能让孩子乐在其中,这样孩子在听到"吃饭"两个字时就不会抗拒,而是十分感兴趣。

第三步:实行分餐制,给孩子的食物进行定时定量管理

让孩子来挑选自己喜欢的餐具餐盘,增加孩子对吃饭的兴趣。同时，也通过孩子自己挑选的餐具，对孩子的食物进行定量管理。

"这里的食物都是露露宝贝的。"妈妈笑着把属于她的粉色小猫餐盘放在露露面前，说，"宝贝好好吃饭，好好长高，好不好？"

经过了大半个月的定时吃饭训练，露露已经养成了定时坐在餐桌边吃饭的好习惯。她笑着点了点头，看着爷爷奶奶动了筷子，才拿起筷子吃饭。

给她规定的吃饭时间，比成人要长十五分钟。可是今天她惦记着之前玩的那块拼图，时间到了还剩下一小半没有吃完。

妈妈并没有逼她吃完，收了餐具让她去玩儿。奶奶想起露露妈妈的话，也没有去干涉露露的自由。果然，还没到晚饭时间，露露就饿了，妈妈温和地说："露露，还有一个小时就能吃晚饭啦，你先忍一下。"

妈妈没有批评她，没有说"就是因为你中午不好好吃饭，才会饿得这么快"，也没有因为心疼女儿而让她吃零食。她用事实让露露明白了这个道理，果然到了吃晚饭的时候，露露比谁都积极地坐在餐桌旁。

解决孩子写作业拖拉还顶嘴的问题

"小琴,做完作业了就快来吃饭。"妈妈将热气腾腾的饭菜端上了桌,喊着正在做作业的女儿。"来了!"小琴答应了一声,但迟迟不见动静。

妈妈走到她跟前,问:"还没写完吗?"小琴回答的声音很小:"还没有……"

"还有多少,给妈妈看看。"小琴指着还没做完的作业给妈妈示意。妈妈一看,火气腾地一下冲上脑门:"你自己看看,从放学到现在,都过去多久了?连语文作业都还没有写完,数学还没开始,你在做什么?!"

妈妈的目光,移到女儿手边放着的那个橡皮擦上面,她拿起来一看，橡皮擦上画满了龇牙咧嘴的小人。"让你做作业，你在画这个！"妈妈更生气了，说，"今天作业不做完，就不许吃饭。"说着，把橡皮擦扔进了垃圾桶。

小琴把橡皮擦从垃圾桶里拣出来，说："不吃就不吃！"女儿的态度，让妈妈深深吸了一口气，转身就走。

饭桌上，爸爸问："小琴呢，还在做作业吗？"妈妈没好气地说："快别提了！为了让她安心写作业，我把她书桌上的玩具全部收了，没想到她竟然玩橡皮擦。我说不写完作业就不许吃饭，她竟然说不吃就不吃！没把我给气死。"

爸爸给妈妈夹了一筷子菜说："别气了，来多吃两口，一会儿我去看看她的情况。"

有爸爸看着，小琴总算顺利地做完了作业，爸爸说："饿了吧？快来吃饭。"小琴摇了摇头说："我不吃，我要睡觉了。"

"不吃饭怎么行，你还在长身体，明天还得早起上学。"爸爸耐心地说。小琴倔强地说："我妈不是不让我吃吗？不吃就不吃，有什么大不了！"

妈妈听见了，扬声说："行啊，有能耐你就别吃啊！"她明明说的是没写完作业不许吃，谁知道女儿这样犟。话虽然这样说，她心里仍然心疼女儿，让小琴爸爸悄悄地盛了一碗饭菜放到女儿房间里，知道女儿吃了才放心下来。

二年级期末考试结束，小琴的成绩并不理想。开完家长会，老师让小琴妈妈留下来单独谈话。"小琴的基础其实不错，就是做题的速度太慢。我看了她的试卷，语文、数学两科最后都有几道题没来得及做。"

"是啊。"听老师这么说，小琴妈妈感到焦虑，"她这个做题拖拉的问题，我一直想纠正，到现在也没找到好办法，正为这个发愁。"

老师听完小琴妈妈的描述后说："别急，我们一起来分析下小琴做题慢的原因。"

造成孩子写作业磨蹭、考试时做题慢的原因很多，常见的有以下五个大类：

一、孩子学得不够扎实，不会的题太多

当作业里不会的题太多，每做一道都让孩子感觉困难的时候，她自然就越做越慢。课堂上的知识没有及时掌握，导致孩子在写作业时产生强烈的挫败感。如果家长从旁催促，或者眼看时间就要不够了，有的孩子就会选择胡乱做、敷衍着做。

有这种问题的孩子，需要父母花费更多时间督促学习。预习新课、关注课堂表现、检查作业的完成情况，都需要父母持之以恒的坚持。

二、缺乏时间观念

孩子对时间缺乏概念，不知道一分钟具体有多长，不明白完成作业需要的时间和她自己实际所用时间之间的差距。造成这种结果的原因,是孩子从小没有受到关于时间管理的启蒙训练,还不明白时间的重要性。

"一寸光阴一寸金,寸金难买寸光阴"这样的名言警句,我们不仅要教导孩子背诵,更要在实际生活中,让孩子明白这句话的真切含义,而不仅仅让这句话停留在纸上、用来应付考试。

三、注意力不集中,边玩边做

孩子在做作业的时候,注意力难以集中是常见现象。

刚刚坐下没多久,一会儿去上厕所,一会儿去喝水,一会儿饿了要吃东西。好不容易坐定了,东摸摸西摸摸,橡皮尺子草稿本,都是她的玩具。这么一来,真正静下心来做作业的时间并没有多少,当然就慢了。

小琴的情况,明显就属于这一种。哪怕她桌子上没有玩具,这样的坏习惯也难以让她集中注意力,会造成习惯性走神的情况。

四、内心缺乏驱动,无所谓学习好坏

孩子年纪还小,不明白为什么要学习,更不知道为什么要去学校。有些孩子的内心是懵懂的,家长让他们上学他们就去上学,让他们念书他们就念书。至于为什么,他们并不清楚,也没有想过这样的问题。

热爱,常常可以创造奇迹。反过来看,一个内心缺乏

驱动的孩子，是不会在意自己的学习成绩如何的，学得好不好，对她来说都没有区别，做作业自然也就心不在焉、拖拖拉拉，能糊弄就糊弄。

五、不重视学习，孩子得过且过

有些家庭因为父母太忙碌，或者其他原因，并不重视学习。在这样的家庭氛围中，孩子也不会认为学习是一件必须认真对待的事情。

父母的期望，对孩子的影响超乎想象。如果父母都不强调学习的重要性，孩子当然就变得吊儿郎当，得过且过起来，不仅作业做得慢，完成的质量还很差，有时干脆不做。

我们既然明白了小琴做作业拖拉是因为注意力不集中，又该怎样改进呢？其实，在教育中遇到的任何问题，都不能片面看待，还需要结合实际情况，进行综合分析。

注意力不集中导致做作业磨蹭，这是表面现象；小琴正处于人生的第二个叛逆期，即"儿童叛逆期"，这是她与妈妈发生冲突的原因，也是让她在学习上出现问题的潜在原因。

在这个时期的孩子，生命力旺盛，精力充沛，在思想上也出现了强烈的独立意识，对父母的管束呈现出反抗的状态：父母让她往东，她偏要往西，倔强、顶嘴成为常态。

我们要解决小琴做作业慢的问题，就必须结合她现在的心理状态，一步一步引导她做出改变：

第一步：让孩子明白，学习是她自己的事情

为了什么而学习？不是为了父母，更不是为了老师。

著名作家龙应台写给儿子安德烈的一段话，就解答了这个问题："孩子，我要求你读书用功，不是因为我要你跟别人比成绩，而是因为，我希望你将来会拥有选择的权利，选择有意义、有时间的工作，而不是被迫谋生。"

我们不要因为孩子年纪还小，就认为她难以明白其中的道理，从而不去跟孩子阐述其中的道理。一次讲不明白，就讲两次，两次还不行，就举例说明。说得多了，孩子总能明白一些道理。

第二步：建立家庭规则，除原则性的问题不可让步外，给予孩子充分的自由空间

在童年叛逆期，孩子需要更多的自由空间来充分发展个性。家长不能给予太多限制，那样只会让孩子产生逆反心理，影响亲子关系。

当然，这个自由并不是指无底线地纵容孩子，那只会害了孩子。在学习上，我们可以就原则性问题给孩子设立规则，如按时完成作业、完成老师的要求等标准，而在这之外，就让孩子充分享受自由空间。

第三步：针对性地训练孩子的专注力

训练专注力的方法有很多，如著名的"番茄工作法""舒尔特表"等，都可以成为父母手中的工具。

就提高写作业的效率而言，我们可以通过和老师沟通，预估每一次作业完成需要的时间，并加以督促。

在孩子开始做作业的时候，让她在作业本或题单上写好开始时间，结束时写下结束时间，从而得出她做作业共花费的时间，来计算和预估时间之间的差距。一开始时，没达到要求不要紧，可以每天减少五分钟，直至最终达到目标。达到目标后，可以给孩子一些小的奖励。

这样，能让孩子在写作业的时候有紧迫感，逼迫她集中注意力，快速完成作业。

第四步：教孩子进行时间管理

时间管理是门学问，能管理好时间的人，通常都能取得好的成绩。我们越早教会孩子时间管理，孩子就越早受益。

让孩子了解时间，知道一分钟可以做多少事情，在什么时间应该做什么事情，同时明白浪费时间造成的后果，孩子才能掌握自己的时间，提高学习效率。

此外，当孩子按时或者提前完成学习任务后，家长切不可额外增加作业，要让孩子充分享受提前完成作业带来的好处，这样才会形成良性循环。

家是港湾，不是战场

家是什么？不是房子，而是人。无须装潢多么精美，家具多么奢华，重要的是一家人温馨的气氛、灿烂的笑容。有人的地方，才有家。

一个和睦的家庭，是孩子健康成长的必备条件。作为家长，有责任和义务替孩子营造一个安稳的成长环境，让他们安心长大，不必担惊受怕。

这次考试，冰冰考了第一名。她小心翼翼地将成绩单放入书包中装好，心想：我考得好，爸爸妈妈一定会高兴了吧？可是，刚踏入家门，她就听见了熟悉的争吵声。

"你打游戏的声音能不能小点儿?！我都没法安安静静

做报告了。"这是妈妈的声音。

"我上了一天班,回来打个游戏怎么了?"爸爸说,"你工作上的事情,在公司做不就好了吗,干嘛拿回家来?"

"你以为我想吗?还不是因为要赶回来做饭!你以为,谁都像你一样自私?"

"我自私?"爸爸的声音陡然高了八度,说,"我怎么就自私了!家里的事情,我哪一样没做过?"

"你做过什么,你管过孩子吗?开家长会你去过几次?"妈妈质问。

"那是因为我工作忙!"

"难道我上班就不忙吗?白天上班,还要赶着回来做饭,管孩子写作业,你就知道打游戏!"

他们继续争吵着,冰冰回到自己的房间里,关上门捂住耳朵,不知道该怎么办。她把成绩单从书包里拿出来默默看着,考了好成绩的兴奋早就消失无踪。

过了好一会儿,妈妈才推开门进来,看着冰冰说:"冰冰你回来啦,怎么也不说一声?你先写作业,待会儿吃饭我叫你。"

"妈妈。"冰冰看着她的脸色不好,想将手里的成绩单交给她,但妈妈没有理会冰冰的呼唤,心不在焉地关了门离开,只留下冰冰坐在原地。

眼泪从冰冰的脸颊上滑落,她哭了好一会儿,才把沾了眼泪的成绩单放好,从书包里拿出作业开始写。

就这样,家里的争吵不时爆发,为的都是一些鸡毛蒜皮的小事。半个月后的一天晚上,妈妈做好了饭才发现女儿并未回来。

"冰冰呢?"她问冰冰爸爸。

两人刚刚吵了一架,爸爸不耐烦地说:"你问我,我怎么知道?"

"不问你问谁?你就坐在客厅,我在厨房!"

"我没看见她回来。"爸爸自言自语地说,"难道今天放学晚了?你打电话问问老师。"

老师回答今天跟往常一样,按时放学,这让冰冰的父母慌了手脚,连忙又联络亲朋好友和冰冰的好朋友,可是都没有女儿的消息。

最后,两人在冰冰的书桌上发现一封信,信是冰冰留下的。她在信里说:"爸爸妈妈,我走了。我自己去挣钱打工,妈妈你就不用这么累,爸爸也不会和妈妈吵架了。"

两人大吃一惊,赶紧报案,经过整整一夜的寻找,警察终于在火车站找到了冰冰。那个时候,她正要登上南下的火车。

"冰冰,你怎么这么傻?万一你出了什么事,叫妈妈怎么活?"抱着失而复得的女儿,妈妈泪如雨下。

冰冰的父母不会想到,他们的争吵,竟让女儿产生了要外出挣钱的念头。夫妻争吵是常事,俗话说"床头打架床尾和",但对孩子来说,父母争吵是件十分可怕的事情,会给他们带来伤害。

一、让家庭氛围紧张

父母的世界里,有亲朋好友,有同事,而孩子的世界里最重要的就是父母。父母争吵,会让家庭氛围变得紧张,孩子感受到这种气氛,会变得不安、不知所措。

孩子年纪幼小,面对这样的情况无能为力,只能被动接受,从内心生出恐惧,变得没有安全感。

就像冰冰,她把爸妈吵架归咎在自己身上,认为只要自己能打工挣钱了,爸爸妈妈就不会再吵架了。

二、导致夫妻关系不和,无暇教育孩子

争吵中的双方都很难冷静,有些明明知道不该说出的话,在吵架的时候会脱口而出。说出口的话,如同泼出去的水,就算后悔也无济于事,只会加深夫妻间的裂痕。

受情绪影响,双方很难将精力投入到教育孩子上去。争吵带来的疲惫,会让他们忽略孩子的成长过程,感受不到孩子身上发生的变化。

三、让亲子关系冷淡,影响孩子的性格形成

在这样的家庭环境中,孩子感受不到家庭的温馨,听不到父母之间爱意的表达,更感受不到父母对自己的爱。

争吵，成为孩子见得最多的表达方式。

在父母长期争吵的家庭中长大的孩子，会变得自卑、孤僻、胆小、不懂人际交往，成年后不愿回家，家庭关系疏远，严重的甚至会造成不可挽回的后果。

四、影响孩子未来的择偶观、婚姻观

父母之间的相处模式，在潜移默化中影响着孩子未来的恋爱观。

如果家庭和睦、父母恩爱，孩子长大成人后，往往会根据父母对另一半的要求，来寻找自己的伴侣。如果儿时常常见到父母吵架，长大后会不懂得谈恋爱，不知道该怎样和另一半相处，或者有了稳定的伴侣后却迟迟不敢结婚。那是因为他们对婚姻生活缺乏信心，害怕重蹈覆辙。

我们应该怎样做？

第一步：夫妻双方坐下来进行充分沟通，正确认识争吵行为给孩子带来的伤害

冰冰离家出走，吓坏了她的父母。将孩子接回家后，妈妈哄着她睡着了，和爸爸在客厅坐下。两人沉默良久后，妈妈说："我们不能再这样下去了。"爸爸点头表示赞同。

夫妻吵架大致可以分为两类：一类是有不可调和的、无法解决的矛盾，这些矛盾长期横亘在家庭中，只要触及就会导致争吵的发生；另一类则是因为生活习惯等鸡毛蒜皮的小事，在疲惫、焦躁、冲动的情况下，就容易导致争吵。

冰冰父母的情况就属于后者，两个人之间并没有原则性的矛盾，属于可以修复的关系。

"我没想到，冰冰会这样做。"爸爸后怕地说，"幸好找到了，要是她上了火车出了什么事，我这辈子都不能原谅自己。"

和冰冰父母一样，许多父母在争吵时并没有意识到会给孩子带来伤害。有些家长认为这是父母之间的事情，和孩子没有关系，更不会影响孩子。这样错误的想法，一定要及时纠正，否则将会影响孩子的一生。

第二步：达成共识，当两人意见不合时，用沟通代替争吵

认识到争吵给孩子带来的伤害后，冰冰父母进行了自我反省，对以往争吵的内容进行了总结归纳，结论让他们有些哭笑不得。

他们每次吵架，都是为了鸡毛蒜皮的小事，如爸爸打游戏声音太大影响了妈妈，妈妈占用卫生间的时间太长，孩子参加重要比赛时爸爸没能准时到场等。而面对这些冲突，只要其中一人态度和缓些，就不会吵起来。

为了孩子，也为了营造一个和睦安定的家庭环境，他们制定了以下原则：

1. 当产生冲突时,一人让一次。
2. 绝对不在孩子面前进行激烈争吵。
3. 当天的事情当天解决,不用冷战来处理问题。
4. 绝对不要因为自己的情绪,而影响孩子。
5. 关注孩子的心理健康,让孩子参与到家庭事务中来。

冰冰父母的性格都属于好强的类型,所以才容易因为一点小事而争吵,互不相让。制定规则之后,两个人慢慢发现,家里的欢笑多了,心情也变得轻松愉快起来。原来,他们的争吵竟然如此没有意义,还差点害了孩子。

如果,夫妻双方已经走到不可挽回的地步,也一定要告诉孩子,无论如何父母对她的爱不会变,将对孩子的伤害降到最低。

第六章

正面管教,让孩子成为受欢迎的人

  在家里，孩子是被疼爱的宝贝。一旦走出去，就会在无形中被别人评价、打量。人和人的交往，第一印象非常重要，那么，孩子怎样才能给人留下良好的第一印象呢？

  让孩子成为受欢迎的人，并不是要教孩子去讨好别人，而是要让孩子具有良好的礼仪风度，学会管理情绪，成为一个懂礼貌、有教养的好孩子。这样的孩子，不论走到哪里，都会成为人们欢迎的对象。

爱翻抽屉的小女孩

补习班里最近新来了两个小女孩,都是九岁左右的年纪,正在上小学三年级。两人的到来,让原本平静的补习班有了不和谐的音符。

"岳老师,她们又拿走了我的修正液。"这是四年级的孩子来向补习班老师告状,他说,"我就怕被她们拿走特意放在书包的夹层里,结果她们居然翻了我的书包!"孩子愤愤不平。

"我知道了,我这就去让她们把修正液还给你。"岳老师已经不是第一次接到关于两人的投诉,连忙承诺这个孩子帮他拿回文具。

下课了，岳老师正忙着打印资料，那两个小女孩走到她的位置上，打开抽屉就开始翻找。

"芳芳、小艺，你们在找什么？"岳老师看见了，连忙制止说，"没有经过别人的同意，不能随意去动别人的东西，你们不知道吗？"

芳芳吐了吐舌头说："岳老师，我们的修正液没有了，他们又小气得很，不愿意借给我们。"说话的时候，她们并没有合上抽屉，小艺仍然在抽屉里翻找着。

岳老师走过去，把小艺的手从抽屉里拿出来，说："你们想要借东西，就要有借的态度。我说严重一点，不问自取叫作偷，知道吗？"

"偷"这个字，把两个小女孩吓了一跳，她们连忙规规矩矩地站好，说："老师，我们不敢了。"小艺扯了扯芳芳的袖子，说："老师，我们上课去啦！"

两人离开了岳老师的视线范围后，又嘻嘻哈哈地打闹起来，看起来，刚才的事情并没有给她们造成任何影响。

岳老师听见她们的声音叹了口气，摇摇头对另外一个老师说："这两个孩子是一个小区的，从小一块长大，连脾气都差不多。"

"没心没肺的，上课也不把老师放在眼里。她们的习惯，实在是太不好了！"

岳老师想了想,说:"不行,我得找她们的父母了解下情况,这俩孩子怎么养成了这样的性格。"

不经过允许,随便翻别人的东西,无论有什么原因,无论是成人还是孩子这样做,都是让人讨厌的行为。

在芳芳和小艺身上,我们能发现四大问题:

一、心里没有界线

通常来说,三年级的小学生已经建立了基本的物权意识,能分得清我的、他的、你的,懂得珍惜自己的物品,维护自己的家庭利益,同时尊重别人的物品。

物权意识,是人际交往中的一条界线,也是人们能和平相处的基础。但很显然,在这两个小女孩心里,并没有这条界线。她们缺了修正液,于是就去拿别人的用,没想过要经过对方的同意。没有人愿意借给她们,她们也没去想背后的原因,甚至敢去翻老师的抽屉。

从这一点可以看出,她们并不是第一次做这样的事情,且没有任何歉意。

二、不明白什么叫作隐私权

隐私权,是受到宪法保护的公民权利。未经允许私自翻他人物品,首先是在社交上的不礼貌行为,容易发生矛盾、产生冲突。此外,如果是成年人翻他人物品,根据实际情况可能被报警当作"行窃"行为,还有可能被告侵犯隐私权,给自己带来名誉上的损害。

这样的行为,如果在孩子小的时候不去纠正,她们在成人后难免会因此而惹上麻烦。

三、不尊重他人

根据老师的话,可以看出她们不只是有爱翻别人东西这一个坏习惯。在上课时不把老师放在眼里,这是不尊重老师;随意翻他人东西,是不尊重同学。总的来说,在她们的眼里,自己的需求排在首位,他人的感受并不在她们的考虑范围内。

在社会上,我们常常可以见到这样的情形:如在看电影时大声讲电话、在餐厅里嬉戏打闹、在高铁上霸占座位、在电梯里抽烟……他们的行为,正是不尊重他人,只考虑自己的表现,也常常引发纠纷与冲突。

我们必须教育自己的孩子,不能让孩子长大后成为他们那样的人。

四、不懂得为他人着想,自私自利

借文具,原本是同学之间最正常不过的行为。只要没有特殊原因,孩子通常十分乐意帮助有需要的人。芳芳、小艺两人新来没多久,却让补习班的孩子都不愿意借东西给她们,正是因为她们不问自取的行为被孩子们厌恶。

没有人愿意借,那怎么办?两人的处理方式非常简单,不借,但我们又需要,就自己拿。在这个逻辑里面,她们的眼里只有自己丝毫没有考虑过她们拿走了,会不会给别人造成麻烦,反而认为对方小气,这是典型的自私自利。

试问,有这样行为的孩子,怎么可能成为受欢迎的人呢?对芳芳和小艺的行为,我们又能听之任之吗?答案当然是否定的。

既然发现了问题,就要通过正面管教,来解决这个问题:

第一步:向孩子的父母了解她们的具体情况

自从芳芳、小艺两人来到补习班开始上课后,岳老师就没有见过两人的父母。这次联络她们的家长,也约了好几次才见上面。

"岳老师,实在是不好意思,我前几天突然出差,这刚刚才回来。"芳芳妈妈是一位精明干练的女性,一见面就跟老师道歉。小艺妈妈笑着说:"你是大忙人,我们都知道你抽不出时间。"

岳老师说:"没关系,我这次一定要见你们,也是为了孩子。再怎么忙,孩子的教育不能落下。"她将两个孩子的情况说了一下,芳芳妈妈苦恼地说:"老师说的是,我也发现了。"但她忙于工作,根本没有时间来好好教育孩子。

小艺妈妈则有些吃惊地问:"小艺原来不这样,怎么会?"

"两个孩子从小就熟悉,有些行为就会互相传染。"岳老师说,"不过你们放心,现在孩子年纪还小,只要重视家庭教育,我们老师配合,慢慢地就能纠正过来。"

第二步:将两个孩子分别教育

两个孩子在一块儿,胆子总是要比一个人大得多。往往一个人不敢做的事情,两个人在一起就敢做了。在岳老师的建议下,在将错误行为纠正过来之前,将两个孩子暂时实施分别教育,不让两人再像以前一样同进同出。

父母分别对芳芳、小艺进行教育,告诉她们随便翻他人东西行为带来的坏处,同时告诉她们这是不尊重别人的行为。父母和老师的话,让两人知道了,原来她们习以为常的行为是错误的,以及在班级里没有人愿意借东西给她们的原因。

第三步:给孩子树立规范,纠正孩子的错误行为

经过岳老师的建议、父母的同意,根据两个孩子的情况制定了具体的行为规范:

1. 未经主人同意,不得随意翻他人书包、抽屉。
2. 见到老师要问好。

3. 借东西必须经过同意,并按约定时间归还。

4. 课堂上,没有经过老师允许不得随意插话。

5. 到他人房间先敲门。

6. 爱惜文具、书本。

7. 不在教室等公众场合嬉戏打闹。

8. 不打人、不骂人、不在背后议论人。

孩子明白了错误的严重性,接下来就要在生活中纠正她们的错误行为。想让她们完全改正,光凭老师或家庭一方的力量还做不到,必须要双方配合,对孩子已经养成的坏习惯进行提醒矫正。

想让孩子成为受欢迎的人,就要先改掉孩子身上存在的坏毛病。作为父母,我们有责任矫正她们的行为,引导她们朝着正确的方向前进。

我拿你当朋友,你却不相信我

初中二年级的瑶瑶和小薇是好朋友,她们从小学起就在一个学校,到了初中成为了同班同学。只要在学校里,两人就形影不离,就连去厕所也不分开。

老师宣布了春游计划,全班同学都欢呼雀跃。瑶瑶跟小薇说:"我带巧克力和水,你带饼干好不好?"小薇兴奋地点点头说:"好!我再带两本书在路上看。"

到了春游那天,小薇悄悄把书包拉开一条缝,示意瑶瑶往里面看。瑶瑶看了一眼,惊喜地说:"啊,你怎么有这个?"

原来,小薇的书包里,装着一个漂亮的猫爪杯。这个杯子是双层的透明玻璃制成的，外面是圆形，小巧圆润方便用手捧着，里面做成了镂空猫爪的形状。只要倒入咖啡、奶昔这样有颜色的液体，就能在杯子里看见一只猫爪，十分可爱。

小薇连忙将食指压在嘴唇上，比了一个嘘声的手势，瑶瑶会意，连忙闭上嘴巴。很多人都非常喜欢猫爪杯，但由于限量发售，能买到的人很少。她轻声问："你是怎么买到的？"

小薇摇了摇头说："不是我买到的，是小姨出差时在外地买回来的。见我特别喜欢，就送给了我。"

"哇，你小姨人实在是太好了吧！"瑶瑶羡慕地说，"我也想要有这样的小姨。"

小薇笑着说："是呀，她很疼我的。我不好吗？就这么一个宝贝杯子，我都赶紧拿来给你看。"

"是的是的，你最好了。"瑶瑶拽着她的胳膊说，"你放在书包里可要小心了，别打碎了。"

"不会的，我用毛巾包着呢！"就这么一个猫爪杯，小薇宝贝得很，想得十分周全。

春游的地点是植物园，同学们三三两两走在一起，一边看着风景一边聊天。回到车上的时候，小薇拿过她放在座位上的书包，发现她的猫爪杯不见了！

"这是怎么回事？是不是你告诉了别人？"小薇问瑶

瑶。瑶瑶觉得很受伤,睁大了眼睛看着她说:"当然没有!我怎么会跟其他人说?"好朋友信任自己,她又怎么会出卖朋友呢?

找不到杯子,小薇着急得差点哭了出来,说:"这件事我只跟你讲过,你要是跟谁说过就快告诉我,我好去找。"

"我真的没有说过!"见好朋友不相信自己,瑶瑶伤心极了。

春游回来,瑶瑶沮丧着脸,妈妈问她:"发生什么事了?怎么这么不高兴?"瑶瑶把这件事说了一遍,委屈地说:"妈妈,我真的谁都没有说过。你相信我吗?"

"妈妈当然相信你。"妈妈将她抱在怀里安慰着说,"你们是好朋友,好朋友让你保守秘密的事情,你当然不会告诉其他人。那后来杯子找到了吗?"妈妈关心地问,她也听说过这款猫爪杯的火爆。瑶瑶点点头说:"找到了,是一个男生恶作剧,把小薇的杯子藏起来,看她着急哭了,才拿出来给她。"

杯子虽然找到了,但两个人的关系却不再像之前那样亲密无间,瑶瑶问:"可是,为什么小薇就不能相信我呢?"瑶瑶不能理解,"我们是好朋友,连这点基本的信任都没有吗?"这才是令她感到伤心的地方。

著名作家巴金曾经说过:"友情是生命中的一盏明

灯，离开它，生命就失去了光彩；离开它，生命就不会开花结果。"对正值青春期的孩子来说，友情是孩子生活中非常重要的一部分。

孩子在学校的时间长，和同学相处的时间比和父母在一起的时间要多。他们的依赖对象，从家长转移到了朋友身上，他们渴望友谊、渴望朋友的心情日趋强烈。家长朋友们一定要正视孩子思想情感的变化，帮助他们收获一段良好的友谊，让他们在人生道路上顺利启航。

在青春期这个特殊时期里，孩子们的友谊具有独特性：

一、片面性

孩子的身心发育还不成熟，眼界不够开阔，看待事物还不能辩证地去看，十分片面。

在这个时期的孩子眼里，好朋友就是要一味地对自己好，彼此之间要专一、亲密无间，才能够称得上是好朋友。这一点，在女孩的友谊中表现得格外突出，我们常常会听见"她们两个好得就跟一个人似的"这样的话。

二、容易受伤

正因为孩子对友情理解的片面性，当出现意外的时候，就容易感到沮丧，受伤、挫败感十分明显。

就像瑶瑶和小薇两人一样,误会的出现,对她们的友情是致命的伤害。曾经关系有多亲密无间,有多么信任对方,现在就有多么失望和伤心。

三、矛盾性

青春期的孩子,常常一方面渴望交际、珍惜友情,一方面又感到孤独,觉得在这个世上没有人能真正地了解自己。这是因为他们对这个世界了解得越多,越发现和童年时的想象有区别,因此而造成了独特的心理矛盾特征。

这些矛盾,是孩子在成长时的正常现象,家长朋友们如果发现请不要紧张。

在这个时期,关于友情,有这些事我们应当教给孩子:

一、朋友间也要保持距离

再亲密的人,也要适当保持距离,朋友间更是如此。留给对方独立的空间、行动的自由,并不代表你就和对方关系疏远,相反越是这样,友谊越能长久。

《庄子·山木》中说"君子之交淡如水",孩子很难理解这句话,但我们可以告诉孩子,距离产生美,这句话在友谊中也同样适用。

二、教孩子辨认什么才是真正的朋友

真正的朋友，一定是心灵相通的。当你沮丧的时候，对方会安慰鼓励你；当你高兴的时候，对方会为你开心；当你需要的时候，你不用多说对方就会主动来到你身边。真正的朋友不一定时时刻刻和你形影不离，但却最明白你的心意。

正如高尔基所说的："真正的朋友，在你获得成功的时候，为你高兴，而不捧场。在你遇到不幸或悲伤的时候，会给你及时的支持和鼓励。在你有缺点可能犯错误的时候，会给你正确的批评和帮助。"

三、信任对方

志趣相投，又互相认可、互相欣赏的人，才会成为朋友。而信任，是朋友间最重要的基石，是维系这份友情的重要纽带。在信任对方的同时，自己也会收获信任。

遇到事情时，教孩子做到不轻易怀疑朋友，珍惜友情。经受住考验的友情，将更加弥足珍贵。

四、以诚相待

孩子间的友谊最为纯粹，不含任何杂质。诚恳，不做作，不掩饰，不为了讨好他人而改变自己，这样，才能交到志同道合的朋友，让对方感受到你的心意，获得对方的认可。

对朋友的优点、取得的成绩，我们要不吝赞美；对朋友的缺点与不足之处，我们要诚恳地指出来，帮助朋友进步。

那么，当孩子和朋友之间发生误会时，该怎么办呢？
第一步：开导孩子，找出造成误会的原因

瑶瑶妈妈看着女儿情绪低落，说："瑶瑶，别只顾着自己伤心。你觉得，小薇现在是怎么想的呢，她会不会也很难过呢？"

"她也会难过吗？"瑶瑶抬起头，仔细想了想说，"可能也会难过。后来，我一直没跟她说过话，但看她的表情也不开心。"

"这件事，让你们两个人都难过。那你有没有想过，是什么原因造成的呢？"妈妈耐心地开导着瑶瑶。

"就是因为她不相信我！"说到这里，瑶瑶仍然感觉委屈。

妈妈摇了摇头说："不是她不相信你，是在那种情况下，只有你一个怀疑对象。猫爪杯那么难得，发现丢失时，她的心情一定是很急切的。如果是你，你能做到冷静吗？"

"好像不能。"瑶瑶回答。

"所以，你们既然是好朋友，你就应该宽容朋友在着急时说出的话。那个恶作剧的男孩，你去询问过他了吗？"

瑶瑶摇了摇头,那个时候她心情低落,哪里还有心思去质问对方。

"你看,他是造成你们误会的原因,你们应该去问个清楚,而不是像现在这样稀里糊涂的难过。"

第二步:积极沟通,和朋友坦陈自己的感受

经过妈妈的开解,瑶瑶明白过来。既然她珍视这份友情,就不该不做任何努力。既然她没有告诉过任何人小薇带着猫爪杯来,就要让小薇知道,她是被冤枉的。

于是,她约着小薇一起去找那个男孩。两个人在路上不像以前那样无话不谈,显得有些尴尬。那个男孩说,是小薇让瑶瑶看书包里的猫爪杯时被他发现,他看见小薇十分在乎那个杯子,才兴起了恶作剧的念头。

回去的路上,瑶瑶说:"小薇,你不相信我,我真的很难过。"她说出了自己的感受,期盼地看着小薇。在心里,她已经原谅了她,还想要继续这份友谊。

"瑶瑶对不起,我不该错怪了你,是我的错。"小薇说,"你还愿意和我做朋友吗?"

第三步:冰释前嫌,让友谊更加牢固

小薇的道歉,让瑶瑶的心里彻底释怀,她说:"我知道那会儿你心里着急,我不怪你,我也还想要跟你做朋友。"

"真的吗?"小薇的眼里闪着惊喜的光芒,拉着瑶瑶的手说,"太好了,太好了!其实我早就后悔了,知道不会是你告诉别人,但我觉得你在生我的气,不敢跟你说话。"

"那你不早说?"瑶瑶埋怨她说,"你要早说了,我就不会难过这么久了。"

"是我的错,我请你喝奶茶好不好?"误会解开,两个女孩有说有笑地走着。经历了考验,她们的友谊将更加牢固。

面对女儿的虚荣心,要正面引导

爸爸接了黄敏回家,她将书包往桌上一放,闷闷不乐地坐在椅子上,一脸的不高兴。"这是怎么了?"妈妈把饭菜端上桌,问女儿说,"谁惹我们家小公主不高兴?"

黄敏叹了口气问:"妈妈,我们家什么时候能换车?"

"换车?"妈妈一脸莫名其妙,说,"换什么车?"她看了黄敏爸爸一眼,用眼神问他这是怎么回事。

"别提了,先吃饭。"黄敏爸爸也显得兴致不高,一家人在沉闷的气氛中吃完了这顿晚餐。

女儿睡觉后,爸爸对妈妈说:"你知道我今天去接她,她说什么吗?她说,让我以后把车停远一点,别让同学看见。这是怎么了，还嫌我开的车太差给她丢人了？"

妈妈沉默了片刻，说："有件事，我没跟你说过。上次她和几个同学去科技馆，我去接她的时候正好听见她们几个在聊天，你知道我听见什么吗？"

"听见什么了？"爸爸心生疑惑。

"她说我们家吃的、用的、穿的，都是些世界知名品牌。我都不知道她打哪里听说过这些品牌，听得我冷汗直流。"妈妈继续说，"别的同学问她，说她为什么不穿，她就说我们怕她穿得太好了不合群，才故意不让她穿的。"

爸爸听了，皱着眉头在房里转了两圈，说："这事你就该早告诉我！我们就是个普通家庭，她怎么能这样去吹牛？怪不得，这阵子她老是和我要新的运动鞋，还必须要那个牌子的。我没答应她，一个学生穿那么贵的鞋子做什么？"

"是啊，她一定是想去那几个同学面前证明自己的话。我以为她就是一时起了虚荣心，过段时间就好了，谁知道……谁知道她不但没好，反而变本加厉。"

"她这才十多岁，怎么变得这样爱慕虚荣了？"两人经过沟通，对女儿的情况感到震惊。

在孩子贪虚荣、爱攀比的背后,有三大形成原因:
一、她要在同学面前,证明父母爱自己

孩子在小的时候,十分渴望证明父母对自己的爱。在家里,她是被宠着的宝贝,从幼儿园开始集体生活后,却发现拥有同等待遇的不止她一个人,而在老师眼里所有的孩子都一样。这个时候,她就需要用具体的物质在同学面前证明,父母十分爱她。

"这是我妈妈送我的新玩具!"一个孩子无比骄傲地说。

另外一个孩子则十分不屑地"哼"了一声说:"这有什么,我早就有了,上个月我妈妈就给我了。"

"我家里还有个洋娃娃,你一定没见过!"

"洋娃娃有什么了不起,我家里有十个!"

"我有一百个!"

"我有几百个!"

"反正我比你多一个!"

"我才一直都比你多两个!"

……

如果没有人阻止,或者没有另外的事情来分散他们的注意力,他们会一直这么争论下来。幼小的孩子常常会使用这种夸张的说法,让听见的人忍俊不禁,觉得孩子十分可爱。实际上,这就是最原始的攀比。

二、被过度宠溺，不能容忍别人的东西比自己的好

现在物质生活条件好了，家长总想着给自己孩子最好的，不忍心让孩子受委屈。"又不是买不起，孩子喜欢就给她买了"，这是父母的普遍心理。

但是，被过度宠溺的孩子，就会养成骄纵的性格。她的东西，就要是最新最好的，一旦见到别人的东西比自己的好了，就会无法容忍，非得要父母买给自己超过了同学的，才会善罢甘休。

三、潜移默化的影响

父母爱拿自己的孩子和别人的比较，"你看那谁谁谁，每次考试都比你好还比你懂事"，就不能怪孩子沾染上攀比的习惯。"有钱人就能住别墅开好车，没钱就别痴心妄想"这样的话，也容易被孩子听在耳朵里，记在心里，然后以同样的语气学给自己的朋友、同学听，从而在孩子中间兴起攀比的不良风气。

四、要强，内心有极强的竞争意识

有些孩子，因为具有强烈的自尊心，因此在内心有极强的竞争意识，事事都想着不能被别人压过一头。

面对这样的孩子，我们可以进行正面引导，通过教育和实际行动告诉他们，竞争不只是停留在消费、物质这样肤浅的层面上，而是要从精神、毅力、学习等各个方面去赶超。

五、显示自己与众不同、高人一等

随着孩子的年纪增长,对外在物质的要求就会越来越高。当自尊心被扭曲之后,就呈现出过度追求物欲的虚荣心,这是追求被关注、赢得目光的一种表现,也可以说是一种性格缺陷。

他们通过盲目追求名牌等行为来满足自己的虚荣心,否则就会感到焦虑不安。如果日益膨胀的虚荣心无法被满足,就有走上歧途的风险。

虚荣心带来的坏处:

1. 让孩子迷失自我,找不到正确的人生方向。
2. 滋生谎言与欺骗。
3. 活在美好的虚妄中,总有一天会跌得惨重。
4. 一味追求哗众取宠,不能脚踏实地。
5. 无法客观认识自己。

面对孩子的虚荣心,我们该怎么进行正面引导?

第一步:不要斥责孩子,而是以身作则,将羡慕转变成欣赏

在孩子身上发现了虚荣心,我们不要去责怪他们,孩子有了这样的心理,一定是受周遭环境影响。电视里的一句话、亲朋好友的谈话内容、学校里的不良风气等,都有可能成为影响孩子的因素。

作为父母，我们需要以身作则，告诉孩子不和别人攀比，不以穿戴奢侈品为荣。"羡慕"是一种正常的心理，但我们在羡慕别人的时候，同时也是别人的羡慕对象。任何人，都不能拥有所有的物质，所以不如保持一颗乐观从容的心，将羡慕转变为欣赏。

第二步：告诉孩子攀比并没有错，但我们要有更大的心胸与格局

值得注意的是，我们不能矫枉过正。在物质上，满足孩子合理的要求，保持正常的生活水平，不能让孩子产生自卑心理。

"攀比"既然是一种常见现象，我们就不能逃避，不要害怕在孩子面前提起。我们可以告诉孩子，既然要攀比，那就要比自己真正具备的实力，而不是表面的物质享受。

比谁的学习成绩好，比谁的意志力更坚强，比谁更有毅力，这些才是谁也夺不走的、属于自己的才华，是值得骄傲的资本。

第三步：给孩子制定目标，想要拥有高品质的生活，靠自己的双手去实现

告诉孩子，想要过好生活这本身并没有错，但需要靠自己的双手去实现。父母所提供的，是一个安稳的学习环境，她所要做到的是好好学习。

黄敏爸爸对女儿说："敏敏，我们家的家庭情况，你是知道的。你想要的那双运动鞋，会花掉你妈妈三分之一的工资，足够我们家生活半个月。你听过象牙筷定律吗？今天用象牙筷子，明天就要用玉杯。举着象牙筷子，端着玉石杯子，还能吃那些普通的食物吗？一双运动鞋，我们能买得起，但其实跟我们的生活并不匹配。"

黄敏从来没有听过这样的道理，认真倾听着爸爸的话，爸爸继续说："你想要那样的生活，只能靠你自己的双手去实现。现在你好好读书，努力考上最好的大学，才有了朝着好生活奋斗的基础。你现在没有经济能力，靠父母给你买，就算穿上了又有什么意义呢？"

"爸爸，我明白了！"听完爸爸的话，黄敏羞愧地低下了头，说，"我知道错了，我一定会努力去实现目标。"

我就是不喜欢这位老师

小梅是一名小学四年级的学生,学习成绩优异,是班上的学习委员。可是,在这次的期中考试中,她的数学成绩却不尽如人意,足足下滑了十多个名次。

"小梅,"爸爸关心地问她,"对这次的考试成绩,你有什么想法吗?是因为知识点掌握得不够牢固,还是别的原因?"四年级正是小学阶段的关键时期,她的成绩突然发生变化,引起了家人的高度重视。

"爸爸,对不起,我没有考好。"小梅愧疚地低下了头。

爸爸笑了,说:"不用跟我说对不起,这是你自己的学习任务。如果是因为发挥失常,你对不起的人应该是你自己。来，让我们一起来分析下这次考试失利的原因。"

小梅想了想，才小声说："爸爸，我不喜欢新来的这位数学老师。"

"哦？"爸爸这才恍然大悟。就在这学期，原先那名数学李老师因为家庭原因调动去了别的校区，这位新来的数学老师徐老师是从六年级毕业班调下来的。两位数学老师的教学风格有所差异：李老师的课堂风趣活泼，语言幽默；徐老师则性格严肃，教学风格严谨。

"是因为徐老师的教学风格，你不适应吗？"爸爸问小梅。

小梅说："我也不知道，但我就是不喜欢。原来李老师经常让我回答问题，徐老师就很少。我在小测时拿第一名他也不表扬我，反而去表扬那几个进步大的。我这次考得不好，他就说我上课没用心。"

说到这里，小梅觉得心里委屈，眼里的泪珠成串滚落下来。她明明这么优秀，怎么老师看不到她的优点，只批评她表现得不好的时候呢？

孩子年纪幼小，心智发育还不成熟，学习成绩容易受到各方面因素的影响。老师，就是最重要的因素之一。

孩子可能会因为喜欢一位老师，学习成绩突飞猛进，也会因为一句来自老师的批评，而讨厌这位老师，成绩也跟着一落千丈。

众口难调，每一位老师的教学风格不可能让每个孩子都喜欢，我们将常见的师生矛盾的表现归为以下三大类：

一、学生挑剔老师，造成偏科现象

这种现象，常见于年龄偏大的孩子，如初高中生。到了这个年纪，他们具备了初步的自主意识，对老师的要求也从根本上发生了变化。从小学阶段对老师权威性的服从，转变为对老师个人的评判。

在这个时候，老师的衣着、口音、外表等，都成了学生们议论的对象。老师整体的形象气质，能决定学生对他的喜爱程度，进而影响到孩子的成绩。不喜欢某一位老师，而导致的偏科现象，时有发生。

二、学生和老师对着干，引发矛盾与冲突

上课时发呆、故意捣乱、不交作业、当堂顶撞老师等扰乱课堂秩序的行为，时有发生。

1. 学生的原因。在家被过度骄纵，个性张扬、听不得批评，不服从老师的管束。

2. 老师的原因。部分缺乏教学经验和教育智慧的年轻老师，在学生面前无法树立权威形象，未能控制事态发展，导致进一步的冲突与矛盾。

3. 家长和社会的原因。家长袒护孩子，社会给老师的压力太大，稍有风吹草动就要问责于老师，让老师感叹现在的孩子管不得、没法教。

三、学生不喜欢老师，导致成绩下滑

这种现象，在各个年龄阶段的孩子身上都能看见。就像小梅一样，认为老师对她不够重视、不公平，直接影响到她的学习成绩。

在一个课堂上，能决定学生成绩好坏的，真的是老师吗？答案当然是否定的，这取决于学生听课的认真程度。老师讲得再好，学生在下面做小动作、出神发呆，一堂课只能听进去几分钟，成绩当然不可能好。

当家长发现孩子出现不喜欢某一位老师的情况时，切忌这样做：

一、我孩子没错，都是老师的问题

当家长这样认为时，孩子就有了底气，更会理直气壮地这样认为。作为家长，我们在面对问题时需要保持冷静客观的心态，了解孩子在学校的实际表现，理智地分析问题、解决问题。

二、一点小事就去找老师、学校领导反映问题

我们关心孩子，但不能关心则乱，更不能因为孩子回来说老师对自己不好之类的话，动辄去学校找老师麻烦。老师有教学任务、学校有教学计划，家长如果动不动就去反映问题，只会扰乱学校正常的教学秩序，并不能真正帮到孩子。

三、在孩子面前说老师的不是

"你们老师教得有问题""老师水平不行"这样的话，一定不能在孩子面前说。孩子的心思细腻而敏感，也许只是你随口一说，孩子就牢牢记住了你的话，并以此作为成绩不好的借口。家长的言行，会直接影响到孩子，请务必谨言慎行。

孩子在学校每天都要面对老师，老师是教授知识的人，面对这样的情况，我们不能逃避问题，应对孩子进行正面引导，积极解决问题。

第一步：了解事实，积极与老师进行沟通

每个老师的教学风格都不一样，每个孩子也有自己的独特个性。作为家长，不能只听孩子的一面之词。孩子的描述，掺杂了许多自己的主观情绪，不能当作判断的依据。

就像在这件事中，在小梅对徐老师的不喜欢里面，有对原来李老师的不舍，有对徐老师教学风格的不适应，还有觉得老师对她不公平的种种因素。

第二天，小梅爸爸就这件事与徐老师进行了沟通。徐老师说："小梅是成绩优异的好孩子，我对她的要求比普通孩子要严格。原来是这个原因影响了她的成绩，这是我的工作失误。"

小梅爸爸忙说:"是孩子的心态没调整过来,还请老师继续严格要求她,剩下的事由我们家长来引导。"

第二步:潜移默化地去影响孩子

作为老师,都想把班上的孩子教好,也许只是用错了方法,就像小梅的个性在适应徐老师的教学方法时,出现了偏差。在这个时候,就需要家长的助力。

小梅放学回家后,爸爸找她谈心,说:"今天爸爸和徐老师沟通过了,你想知道你在老师心里的评价吗?"

小梅连忙坐直了身子,紧张地问:"老师怎么说?"

"徐老师说,你是他心目中最优秀的孩子。所以,他对你的要求比其他同学都要高。"爸爸看着她说,"徐老师认为,你考第一是你的正常水平,所以才会对你的成绩下降感到失望。徐老师还跟我夸你了,说你不只成绩好,还非常乐于帮助其他同学,是个热心肠的好孩子。"

"真的吗?"小梅听得眼睛连连放光,原来并不是徐老师对她有别的看法,只是对她的要求更高更严格。

爸爸笑了,说:"当然是真的,我骗你做什么。"他了解自己孩子的个性,知道怎样进行引导才最有效。

"那徐老师为什么不愿意让我回答问题呢?"小梅问出心头的疑问。

"徐老师告诉爸爸了,那是因为他明白你知道问题的答案,想把这个机会留给其他同学。你回忆一下,上公开课的时候,徐老师是不是就让你回答问题了?"

小梅认真地想了想,整个人都高兴起来,对徐老师再没有任何不喜欢。

第三步:家校联合,正面鼓励孩子

经过爸爸和小梅的谈话之后,小梅的心态发生了根本性的转变。在上课的时候,小梅仍然积极举手回答问题,但不再因为老师不叫她而感到沮丧。下课后,她一如既往地帮助有需要的同学,在给别人讲题的时候,自己也巩固了学到的知识。

通过和小梅爸爸的沟通,徐老师也了解到小梅的个性,在仍然严格要求的情况下,在适当的时机给予她鼓励,这让小梅的数学成绩直线回升,重新回到了第一名的位置。

在遇到类似问题时,家长朋友们不要着急,只要家校联合,对孩子进行正面引导,就能帮助孩子解决问题。

教孩子学会拒绝

在孩子的成长过程中,我们基于担心孩子不合群、不受人欢迎等种种心理,常常教导孩子要学会分享、做一个乐于助人的好孩子,却忘了告诉他们,如何去拒绝别人。

毫无疑问,分享、乐于助人都是美好的品质,但我们不能用"听话、温顺就是好孩子"来要求女孩,这可能会将女孩置于危险之中,或者造成她不顾自己利益而去讨好别人的扭曲心理。

在孩子的交际过程中,她首先是一个独立的个体,她的个人意愿、情绪,同样需要平等对待。亲情、友情,都不需要用孩子的委曲求全来维系,学会拒绝不合理的要求,孩子一生都将因此而受益。

吴怡就读于小学三年级，从小就是个乖巧听话的孩子，谁见了都会赞她听话懂事。在班上，她也是受同学们欢迎的人，有什么困难同学们都愿意找她帮忙。

"吴怡，我这道题不会，你学习成绩好给我讲讲好吗？"

"我肚子痛，你替我给体育老师请个假吧！"

"我忘记带水粉笔了，你借两支给我吧！"

"你的课堂笔记，拿给我抄一下吧，上课就还给你。"

每一天，她都会收到来自同学的各种请求，这些请求也常常会给她造成各种不便。比如说那位借课堂笔记的同学，忘记按时将笔记归还，导致她上课的时候只好临时用作业本来记笔记，下课把笔记本要回来后，再重新花时间抄上去。

妈妈教育她要懂得分享，老师也说同学之间要互相帮助，所以遇到的这些小麻烦，吴怡都自己想办法克服了，不愿意去拒绝别人的要求。

这一天放学后，吴怡下了公交车，往家里走去。走到楼下的时候，遇到同住在一个小区的汪阿姨，她的女儿和吴怡是同班同学。

见到吴怡，汪阿姨快走了几步拦住她说："吴怡啊，我正在找你呢，能碰到你真是太好了！"

"汪阿姨您好。"吴怡礼貌地问好，"您找我有什么事吗?"

"是这样的,我女儿忘记带语文的家庭作业回家了,可不可以借你的卷子,阿姨去复印一份呢?"

"好啊,可是我的都已经在学校做完了。"

"没关系的!"汪阿姨笑眯眯地说:"那就先谢谢你啦。"吴怡将卷子从书包里拿出来,交给汪阿姨。

吃完饭,吴怡妈妈开始检查吴怡的作业完成情况,发现没有语文作业,于是问她:"小怡,你的语文作业呢?"

"刚刚在楼下碰见汪阿姨,她借去复印了。"吴怡语气轻快地说,"妈妈您放心吧,我都在学校做完了!"

又过了半个小时,汪阿姨才来归还卷子。吴怡在收拾书包时才发现,卷子上竟然一个字都没有!这是怎么回事?她把卷子拿起来仔细看,发现上面明显有她写过字的痕迹,但是都被橡皮擦擦掉了!

这个学期开始,老师要求他们用钢笔,但语文的家庭作业书写多,为了方便修改,仍然让他们使用铅笔。

吴怡握着试卷的手开始颤抖,眼泪不争气地大颗大颗滴落到空白的试卷上。现在时间已经晚了,她要重新做一遍,至少要花一个小时。可是,凭什么她要做两遍呢?她明明已经全部完成了。但要是不做,明天又用什么交作业呢?

妈妈听见女儿的哭泣声赶过来,吴怡扑在妈妈怀里,抽噎着把事情的经过说了一遍。"她太过分了!"妈妈愤怒地说,"明明是她需要帮助,为了自己复印方便就把你的答案擦掉,归还的时候还瞒住不说。"

"怎么办?卷子都打湿了。"吴怡一边哭着,一边在书桌上努力将卷子展平,"妈妈我怎么办?"她越想越伤心,忍不住号啕大哭起来。

当孩子遇到这样的事情时,我们应该怎么做?
第一步:接纳孩子受委屈的心情,安抚情绪

在这个时候,孩子的感受是非常强烈的。因为帮助别人,却遭受了这样不公平的待遇;原本在学校已完成的作业,却不得不面对再做一次的命运。巨大的心理落差,让孩子幼小的心灵难以承受。如果不加以安抚,可能会留下心理创伤。

所以,首先要做的事情,是让孩子从这种情绪中平复过来,切记不可这样做:

1. 不可因为生气而遗忘了孩子的情绪,她才是受害者,是最需要安慰的人。

2. 用"你就不该借给她"这样的话来责怪孩子,孩子已经很难过了,这样说只会雪上加霜。

妈妈紧紧地搂住女儿,替她擦去脸上的泪水,说:"没关系的,有妈妈在这里,妈妈替你想办法。"她一直抱着吴怡，用柔软的怀抱让女儿感到温暖，用温柔的语气替女儿平复情绪，让吴怡感受到安全感。

"妈妈知道你很难过，妈妈懂得你的感受，妈妈会一直陪着你。"她的话，慢慢让吴怡停止了哭泣。

"妈妈，我没事了。"吴怡伸手抹去泪水，说，"我去做卷子。"她必须抓紧时间，不然会睡得更晚，明天还要早起上学。

第二步：解决问题，替孩子找回公平

在这样的情况下，我们有两个选择：

1. 让孩子重新做一遍作业。
2. 由家长做主，不让孩子重新做。

吴怡妈妈选择了第二种。在她看来，如果要孩子重新做一遍，那就是双倍的不公平。这件事之所以会发生，是因为吴怡帮助了同学，不能让她的善意承受做两遍作业的后果。

"小怡，没关系的。"妈妈将卷子收好，说，"你不用重新做一遍，现在先去睡觉。这件事，就交给妈妈。"

"可是……"吴怡的心里仍然犹豫不定，"妈妈，明天老师要收作业。"

"你已经做了，不是吗？"妈妈微笑着摸了摸女儿的头，说，"你快去洗漱准备睡觉了，明天妈妈陪你进学校。"

第二天一早，妈妈特意提前将吴怡送到了学校，找到语文老师说明了情况。"老师,希望你不要批评吴怡。"妈妈将卷子拿出来,交给老师看。因为眼泪,卷子变得有些皱巴巴的,但仍然可以见到被擦去的铅笔痕迹。

老师答应了,说:"你放心,我不会怪她。吴怡一向都是好孩子,这件事她受委屈了。"

吴怡一片好心,却受了委屈和不公。但妈妈的做法替她找回了公平,没有让这件事的后果由孩子自己承担,将心理伤害降到了最低。

第三步:引导孩子从中吸取经验教训

吴怡放学回家后,妈妈替她检查完作业,拉着她的手说:"昨天的事情,妈妈知道你受委屈了。"

"妈妈,我没事了。"事情处理得及时公平,没有对吴怡的心理造成影响,经过了一天她的情绪也平复下来。

妈妈说:"经过这件事,妈妈有些想法,要跟你分享一下。我知道你一向是个乐于助人的好孩子,但是也要懂得学会拒绝。"

"拒绝?"吴怡从来没有想过这样的事情,"别人请求我帮忙,我还能拒绝吗?"

妈妈认真地点了点头。其实,妈妈一早就发现了女儿不懂拒绝给她自己所带来的不便,于是就趁这次机会,和女儿进行深度沟通,教会她什么情况需要拒绝,怎样拒绝。

在生活中,我们常常不懂得拒绝别人,对孩子来说拒绝更是一件需要勇气的事情。

他们会想：我要是拒绝了，他们不和我玩了怎么办？不理我了怎么办？会不会说我小气？妈妈会不会批评我说不懂分享？老师会不会说我是不乐于帮助人的孩子？这些问题，都是拒绝的心理障碍。

我们需要帮助孩子，将拒绝分为具体的三种情况，让他们明白在各种情形下应该怎么做。

第一种，绝对不可以：**违法、违反校规、违反社会公德、恶作剧的行为，必须坚决拒绝。**

如以破坏公物为乐、考试作弊、霸凌同学、好朋友相约去偷果园里的水果、嘲笑整蛊他人等行为，属于原则性问题，没有丝毫妥协的余地，孩子必须坚定拒绝。

一时的好心和好奇，孩子气的追求刺激，可能会造成孩子一生不可挽回的错误。

第二种，不愿意：**有能力做到，但我不愿意。**

这就需要家长对孩子多进行引导，多举例分析，让孩子在遇到实际情况时知道应该如何选择。

以下 7 种人，孩子有权拒绝：

1. 不按时归还的人。
2. 有借无还的人。
3. 有过劣迹的人（如汪阿姨的自私行为）。

4. 平时态度很差，需要时才来请求的人。

5. 欺负自己的人。

6. 陌生人。

7. 图谋不轨的人。

以下四种情况，孩子同样可以拒绝：

1. 与内心意愿相悖时。

2. 需要牺牲自己的利益时。

3. 被威胁吓唬时。

4. 对方自己可以做到，但却不想做时。

第三种，做不到：做不到的事情，不能盲目承诺。

我们有必要告诉孩子这一点，不能因为害怕对方失望而答应对方去做自己做不到的事情。承诺，是建立在彼此信任的基础上的口头契约。一诺千金，有诺必践，是做人的行为基准之一。

明知无法做到还答应对方，将带来以下害处：

1. 好心办坏事，耽误时间。

2. 空口承诺，损失自己做人的信用。

3. 对方会感到失望、伤心，有很大概率会失去这个朋友。

第七章

做善于学习的女孩

　　小学六年、初高中六年,在这足足十二年的学习时光里,孩子从儿童成长为青年,女孩从牵着妈妈手的小姑娘,成长为青春洋溢的花季少女。这十二年的学习,是进入大学必经的学习之路,也奠定了她们今后人生的基础。

　　将孩子培养成热爱学习、善于学习的女孩,将来她们在遇到困难时,就知道该如何去克服,她们的一生都将因此而受益。

行动起来，拒绝三分钟热度

德国作家歌德的诗体悲剧《浮士德》中，魔鬼靡菲斯特将浮士德形容成"徒爱空想的蠢人"，在现实生活中，同样不乏沉溺于空想、脱离实际的人。作为父母，我们不能让孩子成为语言上的巨人、行动上的矮子，长大后成为缺乏行动力、总是空想的人。

"妈妈，我长大了想当宇航员！"这是小珠上幼儿园时说的话。小学一年级时，她又说："我决定了，我要当科学家。"小孩子的理想经常变，大人并不会当真。

在小学阶段，她先后学过舞蹈、国画、象棋，还报过花式跳绳、乒乓球、小主持、长笛等兴趣班，可惜都没能坚持下来，没有取得任何成绩。到了初中后，她仍然没有能拿得出手的一项才艺。

端午小长假，小珠一家人来到近郊的古镇旅游，见到一位老师领着五六个小学生架着画板正在写生。孩子们全神贯注地集中在画布上，手中的画笔描绘出眼前生机盎然的春景，美丽极了！小珠看得入迷，站在原地不愿意离去。

"妈妈，我也想学画画。"这几个孩子都比她小，但却能创作出这么精彩的画作，让小珠心里也产生了学画画的兴趣。明明是一块空白的画布，随着画笔的挥舞，一点一点成为一幅美丽的画作，这个创作过程令她着迷。

"你学什么都是三分钟热度，报什么画画？"小珠妈妈说，"走了，你爸还在前面等我们呢。"小珠一步三回头地随着妈妈离开，心里仍然装着想学画画的事情。

在学校，每周有一节美术课，为了培养学生全面发展的能力，还另开设了兴趣班供孩子们选择。小珠原本报的是羽毛球课，因为太想学画画，就改了学美术。

到了举办学校运动会的时候，小珠妈妈才发现她并没有学羽毛球，而改学了画画。"小珠你是怎么回事，做什么都是三分钟热度？！"妈妈数落着她说，"学舞蹈，跳成那个鬼样子！学长笛，连谱都不记得。你说说看，你有哪一样是学好了的？"

小珠不服气地想要反驳，妈妈连珠炮式地继续说："好不容易打了两个学期的羽毛球,我以为你的性子总算能定下来了,结果呢,又改了画画。你以为你是达·芬奇吗?是难得一见的天才吗?"

"妈妈,我打羽毛球的时候,您不是也说我姿势不标准,打得不好吗?"泪珠在她的眼眶里滚了几圈,终于掉了下来,小珠控诉着说,"从小到大,我学什么东西,您从来就没有支持过我,我这次是真的想好好学画画,您就不能支持我一回吗?"

这句话,问得妈妈哑口无言,过了好一会儿,妈妈才说:"我还不是为了你好,想让你加快进步速度吗?"

孩子做事"三分钟热度",空有一腔热情却没有做成一件事,这是我们在教育中常常见到的现象。而造成这个现象的原因,可大体归结为三类:

一、家长对孩子的打击、否定

造成这种现象的原因,并不一定都在孩子身上。父母望子成龙望女成凤,我们可以理解家长朋友们的心情,但太过急切往往会事与愿违。

像小珠妈妈这样,孩子无论学什么兴趣爱好,都被打击得体无完肤。她的本意是好的,想让孩子认识到自己的不足,从而快速进步,但却用错了方法。

当孩子开始一项全新的学习的时候,她最需要的是鼓励、支持与肯定，而不是消极和否定的语言，后者将严重打击孩子的自信心，从而令她对学习丧失兴趣。一直被否定的孩子，怎么会有学习的激情、行动的欲望呢？

最后人们会说：看，这个孩子总是想法太多，这也想学那也想做，却没有做成一件事。父母没有意识到这正是自己造成的后果，却再次给孩子贴上"做事三分钟热度"的负面标签。

二、给孩子太多选择，让孩子无所适从

现在，人们物质生活丰富，不再是那个一双鞋穿到破洞、一件衣服补了又补的年代。每个家庭，都尽可能满足孩子的需求，过多的物质让孩子拥有着丰富多样的选择。

对孩子而言，选择太多并非好事。孩子具有天然的好奇心，外界的事物对他们充满了诱惑，让他们变得无所适从、喜新厌旧。

幼时如此，到了学习阶段，孩子就缺乏定性。上课注意力不集中，对课外兴趣班也容易产生倦怠的心理，见一样爱一样，却都无法坚持。长期如此，就造成了孩子"三分钟热度"的现象。

三、孩子的学习过程中缺乏足够的监督力度

放弃总是比坚持来得轻松自在，何况是孩子。想让孩子学成一项能力，不能光凭借孩子的学习热情和兴趣，需要家长朋友们不断鼓励、监督。

就像制定寒假计划，制定起来非常容易，顶多花大半天的工夫就能完成。但想要孩子照着计划执行，需要家长的执行监督。如果家长嫌麻烦不去过问，孩子就不会按照计划执行，计划表始终就是停留在纸上的计划而已。

在孩子的学习过程中，家长可以这样进行监督：

1. 给孩子制定大目标，并鼓励孩子坚持。

2. 给孩子树立阶段性可实现的小目标，让孩子通过不断实现小目标来获取成就感。

3. 给孩子提供可展示的舞台、机会。

4. 降低对孩子的期望值，不要用成人的标准来衡量孩子。

5. 保持耐性，不要对孩子发火。

那么，对已经形成"三分钟热度"坏习惯的孩子，应该怎样矫正她的行为？

第一步：分析孩子的具体情况，找出症结所在，对症下药

小珠出现"三分钟热度"现象，最大的原因是妈妈对她的打击。妈妈消极的态度、否定的语言，让她丧失信心，最终放弃。

面对小珠的控诉，妈妈终于明白，不是女儿做事"三分钟热度"，是自己的语言造成了这个现象。是啊，女儿又不是达·芬奇,自己既然是为了她好,为什么总要用冷嘲热讽的话来代替心中真正的关爱呢?

"对不起,"小珠妈妈语气诚恳地跟女儿道歉,说,"妈妈确实不该总是打击你的积极性,是妈妈不对,妈妈太着急盼着你好了。你如果真的想学画画,妈妈这次一定支持你。"

小珠猛然抬起头,不敢相信地看着妈妈问:"这是真的吗?"

妈妈点点头说:"真的。但是你要答应妈妈,这次你一定不能再放弃,要坚持。你想明白了吗?"

"好!"小珠一口答应下来,在心中暗暗下定了决心,一定要改变妈妈对自己的看法。

第二步:制定可实施的计划表,约束孩子的行为

在实际的学习中,孩子会遇到各种各样的困难,这些困难都会变成想放弃的念头。光有决心还不够,我们要帮助孩子制定计划表。在制定计划表时,我们要做到:

1. 具有可实施性,不要好高骛远,要立足于实际。
2. 在制定计划的过程中,充分尊重孩子的意见。
3. 完成计划表后,打印出来要求孩子签名承诺,并贴在孩子经常能看见的显眼位置。

第三步:关注孩子的学习进度,鼓励孩子将"空想"转变为"行动力"

有了前两步，孩子就有了将想法变成现实的基础，而这其中的过程，就是行动力。

我们要根据计划表上的计划安排，来关注孩子是否按时练习、是否完成阶段性的小目标、距离完成大目标还有多长的差距。

每完成一次练习，可以在计划表上打钩，让孩子能直观看见自己的努力过程。每到一个小目标节点时，我们要和孩子进行小结：是否达到了目标？有什么经验值得保留，有什么教训是接下来要避免的？

只要我们对孩子的学习进度保持关注，做到以上三步，孩子做事就不再是三分钟热度，就能脚踏实地地将空想转变为行动力。

行万里路,不是为了成为邮差

钱钟书先生说:"如果不读书,行万里路,也只是一个邮差。"旅行的意义从来不是赶路去看风景,拍下到此一游的照片,对孩子来说更是如此。

我们为什么要带孩子一起去旅行?旅行在教育上有何意义?在旅行中,怎样做才能让孩子有所收获?这都是父母需要思考的问题。

菲菲初中毕业了,对这个暑假她期盼已久,因为父母答应了她进行一次毕业旅行。在成都长大的她,还从来没有见过大海,这次旅行的目的地就定在了海边。

在出发前,她在网上查了目的地的资料,做了详细的攻略笔记，记录在出行时打算随身携带的手账本上。

爸爸见到了她的笔记，夸她说："做得不错！我们这次出去一共是七天的时间，你有没有信心来替我们一家人做旅行规划？"

"旅行规划是什么？"菲菲不明白。

爸爸详细解释说："从离开家，到回来，我们坐什么样的交通工具、住什么酒店、游览哪些景点，这些就叫作旅行规划。"

"好！"菲菲一口答应下来，对这项新奇的任务充满了热情。爸爸将在旅途中的预算告诉了她，她就开始了更细致的行程规划。

在这个过程中，菲菲发现要将旅行安排得合理，比她预想的更为复杂困难。既要玩得尽兴又要让身体得到充足的休息，既要住得舒适又要考虑经济预算，如何做好平衡，是她最头疼的问题。

"菲菲，需要帮忙吗？"妈妈问她。

她把写得密密麻麻的笔记交到妈妈手上，为难地说："妈妈，我一直定不下来该住在哪里。离风景区近的地方，价格就贵。远的地方虽然便宜，但光到景区就要坐一个多小时的车。"这只是其中一个让她拿不定主意的地方。

妈妈仔细看了，说："菲菲，这些问题看起来非常复杂，但你只要明白了一个道理，就很简单。"

"简单?"菲菲不明白妈妈的意思。

"你看,这所有的一切,都是让你做选择题。你的资料收集得非常好,攻略也做得很仔细,这都是辅助你选择的细节。你要弄明白的是,你最在意的是什么。"

"我最在意的,"菲菲想了想,说,"是想要早上起床推开窗就能看见日出。海上日出,想来一定美极了!"

妈妈笑了,说:"那就不要在意价格。你可以在别的地方,来节约旅行的开支。"

菲菲猛地点头,说:"谢谢妈妈,我明白了!"明白了选择的标准,她就知道了该如何取舍,很快就做出一套完整的旅行计划,获得了父母的认可,这令她对这趟旅行更加充满期待和向往。

到了海边,菲菲张开双臂拥抱着海风,笑着对妈妈说:"妈妈,你知道吗?这就是曹操当年观沧海的地方。'东临碣石,以观沧海',是何等的气势!'日月之行,若出其中;星汉灿烂,若出其里',是何等的恢宏壮志!"

妈妈看着女儿,心里充满了骄傲,只听见菲菲继续说:"我原来在读这首诗的时候,只觉得格局庞大、气势磅礴,但直到今天身临其境,才明白什么叫作真正的气势。好像,还能明白一点儿曹操当年的心情呢!"

"是的,这就是旅行的意义。"爸爸笑着说。

旅行的意义,不在于走了多远,去了哪些标志性的景点、拍了多少张美丽的照片,而是在于收获了什么。从计划旅行开始,从离开家的那一刻起,我们就置身于旅途之中。

带孩子旅行,究竟有什么意义呢?
一、开阔孩子的眼界,打破固有印象

陌生的地方、陌生的风土人情,对孩子来说都是那样新奇,时时刻刻都为他们带来惊喜与挑战,等待着他们去探索、发现。

在旅行中,一些常识得到印证,同时一些已经存在的固有印象被打破。

原来海水真的是咸的,退潮时的沙滩上真的会有许多小螃蟹,原来这里的抄手叫馄饨,藤蔓真的可以结出西瓜,原来这座城市的空调没有暖风,原来蚊子能长得这么大……

在这些知识的不断印证与打破中,孩子在无形中开阔了眼界,知道了世界的多样性、包容性,开阔了心胸,消除了狭隘。

二、有利于加深亲子感情、培养孩子的独立性

在旅途中,孩子告别了学习,父母也放下工作,一家人专注于旅行与眼前的美景。这样的体验,让亲子间联系的纽带更加紧密,加深亲子感情。

同时，旅行的过程，也是孩子学习的过程，孩子总要面对、解决一些从未遇到过的问题，旅行有助于让孩子独立思考，培养孩子的独立性。

三、亲身经历所带来的感悟

俗话说"百闻不如一见"，很多事情就算在电视上见到、在新闻报道中看见，都不如亲眼见到、亲身经历来得震撼。

大海的波澜壮阔、祖国大西北地区的辽阔苍凉、泰山"一览众山小"的豪迈气魄，只有在身临其境时才能体会，才能获得真实的感悟。

四、旅途让孩子成长

人在旅途，哪怕将旅途规划做得尽善尽美，也会有各种想象不到的意外出现。突如其来的恶劣天气、不得不改变的行程、糟糕的景区体验等，都是旅途中可能遭遇的意外。

在面对意外时，父母冷静的处理、积极想办法解决问题的态度，会在潜移默化中影响孩子，让孩子发生蜕变。

我们明白带孩子一起旅行会带来种种收获，但嫌麻烦、害怕孩子生病以及发生危险的心理，总是在不经意间阻挡着我们的脚步。其实，孩子远比我们认为的要坚强，我们不必事事都准备周到，为旅途增添负累。

那么，带孩子旅行，哪些是必须要做的事？

一、旅行必需品

1. 一家人的身份证明（视旅行目的地带好身份证、护照、港澳通行证等）、手机、周转用的现金，以及各类充电器。

2. 必备的衣物、洗漱用具，御寒或防晒的装备。

3. 给孩子带上一个笔记本，用以记录她在旅途中的见闻、有趣或有意义的事。

4. 一本书。一本诗集，或一本游记。带着书去旅游，去印证与发现。

5. 准备几个能在旅途中玩的游戏，带好便携式的游戏道具。

二、出行前的功课

在旅行之前，鼓励孩子利用互联网，来查找目的地的旅游攻略。在做攻略的过程中，孩子会对当地的自然人文风光具备初步的了解，并在内心产生好奇。带着这些知识去旅游，会加深对目的地的印象，收获更多。

如果孩子的能力允许，还可以鼓励、帮助孩子做旅行计划。这项一直由父母来完成的任务，交到孩子手上，会让孩子感觉被信任，具备责任感，同时还可以锻炼孩子的独立思考能力。

重视出行前的准备工作，会让孩子在旅途中的收获更多。准备过程本身对孩子来说,也是一个难得的锻炼机会。

三、和孩子一起,尽情享受旅程

准备好了前两项,接下来,就和孩子一起尽情享受旅程吧!

拒绝催促、不要焦虑,无须匆匆忙忙地到景点拍照打卡。我们要做的,是保持良好的心态,用心陪伴孩子,和孩子一起充分享受旅途的快乐,慢下来仔细去观察、用心去体会旅途中所遇见的一切。让孩子开阔眼界、充实知识、发现美好,学会在面对意外时不焦不躁、面对美好时懂得分享。

这些珍贵的体验,将一直留在孩子的生命中,帮助他们成长。

崇拜偶像，是为了成就更好的自己

钟霞是一名高二的学生，她所喜爱的演艺工作者是一名歌手，手机相册里全是他的照片，听歌软件里都是他的音乐，还不允许任何人在她面前说他半个不字，为此钟霞的父母感到十分苦恼，曾多次与女儿谈心。

"女儿你看，你还有一年就高三了，即将面临人生中最重要的时刻。"妈妈苦口婆心地说，"妈妈不是反对你，但你必须全力以赴地对待学习。"

"妈妈，你放心，我一直都在全力以赴。"可是，虽然女儿这么说，父母仍然不放心，总觉得要是放弃这个爱好，她的成绩能更好一些。

"妈妈，下个月他要来我们这座城市的音乐节，我想去看。"妈妈一听就十分紧张，问："什么时候？要去多久？"钟霞回答说："下个月的第一个周六，就一天。"

"不行！"妈妈断然拒绝，说，"一天的时间，对于你现在多么宝贵！你怎么能因为这个，而耽误了自己的学习？妈妈答应你，考上大学后，就让你去看他的演唱会。"

"妈妈，求你了，让我去看吧，我保证绝对不耽误功课。"

妈妈摇头说："你拿什么保证？我就不明白了，一个跟你八竿子打不着的人，值得你付出这么多吗？平时你听歌我也没有说你，你别得寸进尺，非得去现场看。你别以为我不知道，结束后不是有视频可以看吗？"

"妈妈，视频和现场怎么一样？他的现场每次都不一样，不容错过的！"

"那你的学习就能错过吗？"妈妈反问，"你就这最后两年时间，每一分每一秒都不能浪费！"

因为想去音乐节的事情，钟霞和妈妈大吵了一架，母女二人闹得很不愉快。钟霞足足有好几天没有跟妈妈说话，到了音乐节的那天，妈妈为了防止她偷跑去音乐节，将她看得很紧。

到了晚上，妈妈跟钟霞爸爸说："你说，为了这事儿，女儿会不会记恨我？"她担心影响母女感情，但她不能因此而放松了对女儿学业的要求，哪怕冒着被女儿讨厌的风险她也要阻止这件事。

"说什么呢，那可是你女儿！"爸爸宽慰着妈妈说，"不会的，女儿知道你是为她好。明天我就去跟她说，这事儿是我的主意，是我不允许。"

妈妈叹了口气，说："不用了，把你给扯进来了，下次你说什么她也不听就麻烦了。就这最后一年多，我们要稳住。"

对父母来说，孩子面临高考也是他们最紧张的时候。不敢管紧了，怕女儿压力太大反而帮了倒忙；不敢不管，怕女儿松懈影响了她的一生。这份左右为难的心情，只有父母才能体会。

"笃笃笃"响起了敲门声，"妈妈，我可以进来吗？"

妈妈心头一紧，看了爸爸一眼，女儿这会儿来，难道是因为音乐节的事情？

爸爸安抚地看了妈妈一眼，说："进来。"

钟霞进门后，规规矩矩地给妈妈鞠了一躬，诚恳道歉说："妈妈，这件事是我错了。从今天起，我会专心学习，不会再耽误时间。"

女儿态度的突然转变，让妈妈的眼眶泛起了惊喜的泪水，妈妈不敢相信地问："女儿，你说的是真的吗？"没让她去音乐节，她怎么反而想通了？

"我刚刚看了音乐节对他的采访，他说在他的歌迷中，有很多厉害的人让他感到佩服。还说他要让自己变得更优秀，才能做我们的榜样。妈妈，我想通了，我以后也要成为优秀的人，我要努力。"

"好，好！"妈妈激动得不知道说什么好。一个演艺工作者说一句话比自己说上百句都管用，虽然这个事实让她有些吃味，但她在心里暗自感激他，认为他是值得女儿喜爱的人。

高考结束后，钟霞的成绩比她预期的还要好，钟霞考上了理想的大学。

在十年前，追星是一个褒贬不一的话题，更多的时候是贬义，追星的人成为其他人不能理解的异类。随着时代发展，追星已经发展成一个普遍现象，不足为奇。

学生能不能追星，追星会不会给孩子带来负面影响？让我们先来了解，人为什么会追星。

一、追星，古来有之，是人类对强者的崇拜

人类崇拜强者是一种天性，在中华文明的历史长河中，我们耳熟能详的历史人物都留下过崇拜偶像的行为。

如孔子崇拜的偶像是周公，他常常以"神交"的方式在梦中与周公相会，在晚年因为做梦少了，还发出了"甚矣吾衰也！久矣吾不复梦见周公"的感叹。

诗圣杜甫写给李白的诗，有据可考的就多达15首；辛弃疾崇拜陶渊明；汉高祖的偶像是信陵君；白居易在临死前说"下辈子投胎想当李商隐的儿子"；司马相如因为崇拜偶像而将自己的名字改作"相如"……

二、追星其实是在追你自己，你是在为你自己的生活、状态设计一个理想状态

这是一位著名主持人曾经说过的话，是对追星行为的心理诠释。人们生活在现实中，而现实往往没有那么完美，总是会受到挫折、难以如愿以偿。而你所崇拜的那个人，是你理想中的那个样子，是你心目中完美形象的投射，让你希望自己将来能成为与他一样优秀的人。

有这样一个具体的目标，能鼓励、激励人们前行，让人们朝着目的地努力奋进。

孩子追星，父母应该怎么做？

第一步：不要武断阻止，去了解孩子所崇拜追随的这名演艺工作者

孩子有了崇拜偶像的行为，说明他们正在逐渐形成属于他们自己的人生观，心智日趋成熟。父母不要站在孩子的对立面，不要去武断地阻止孩子的行为，那样只会激起孩子的逆反心理。

不了解，就没有立场去阻止和评判，家长应该主动去了解孩子崇拜的偶像：他是一个怎样的人？他是否具有正能量？他足够努力吗？他是否有才华和实力？

如果答案是肯定的，那么就可以允许孩子追星，前提是不耽误学习、理智追星。如果答案是否定的，就要想办法让孩子明白，这样的人不值得你追随。

第二步：引导孩子学习他身上的闪光点

能成为万众瞩目的公众人物，在背后他们都付出了常人所想象不到的努力。我们可以引导孩子，让孩子不仅仅看见他们在人前的光鲜亮丽，还要看见他流下的汗水与坚持。

人不能随随便便成功，演艺工作者更不能。既然要追星，就要学习他身上值得学习的地方，而不是只停留在表面上。让他成为孩子努力前进的目标，而不是因为精神空虚，用来打发时间的对象。

第三步：鼓励孩子成为更好的自己

追星是一种爱好，同时也是朝着优秀的人靠近的心态。我们要帮助孩子树立正确的价值观，欣赏对方的人格、实力、才华，而不是盲目崇拜。

我们是普通人，和公众人物之间隔着天然的鸿沟，但这并不妨碍孩子去欣赏他、喜欢他、崇拜他、追随他。人生的道路还长，若在这条道路上，孩子被优质的偶像指引着前进，又何乐而不为呢？

学会时间管理,轻松面对学习、生活

进入初中后,晶晶总是来去匆匆,走路像飞一样。但就算这样,她也常常感到时间不够用,很多事情都赶在最后时刻才完成,这种感觉十分不好。

"妈妈,我的数学错题本,您有没有看见?"她收拾着书包,在书桌上翻来覆去找了好几遍,也没有找到那个本子,眼看时间快来不及了,着急地问着妈妈。

妈妈闻声赶来,说:"你快去吃早饭,我来替你找。"

在她出门前的最后一刻,妈妈终于找到了那个错题本,塞到她的书包里。晶晶匆匆忙忙穿上鞋,接过妈妈手里的书包,说:"谢谢妈妈,我上学去啦!"

到了周末,有一部晶晶期待已久的电影上映,她请求妈妈说:"妈妈,我们一起去看电影吧,我真的太想看那部电影了!"

"你有时间吗?要完成家庭作业,还要去上芭蕾舞课。"初中学习的知识量大,家庭作业的题量大,再加上一节兴趣课,每到周末晶晶的时间都十分紧张。

"我可以的!"晶晶用渴望的眼神看着妈妈说,"我加快做作业的速度。"

看着女儿的眼神,妈妈心软答应下来。孩子的生活总不能全被学习占满,她也应该有自己的娱乐时间。

于是,为了去看这场电影,晶晶开足了马力。妈妈叫她吃饭,她说等一会儿,她要集中精力把手上的题做完。奶奶喊她吃水果,她几分钟就消灭了一个苹果,奶奶连忙劝她慢点吃。就连洗澡,她也控制着时间。这个周末,晶晶的生活就好像被按了快进键,她终于达成了看电影的目标。

在看完电影回家的路上,晶晶抑制不住心里的兴奋之情。电影内容十分精彩,但更让她兴奋的是,她真的做到了!

在这之前的周末,别说看电影了,只完成家庭作业和上芭蕾舞课这两项,就已经将她的时间填满,顶多还能看会儿电视。

"妈妈，您说这是怎么回事？实在是太神奇了！"晶晶兴奋地说，"我不但完成了所有要做的事情，还能看一场电影！"

妈妈笑着说："那是因为，你终于懂得了如何管理时间。"

"管理时间？"晶晶不明白。

"对，这个周末因为你有了目标，所以你对时间进行了规划管理。"妈妈回答说，"你想想看，原来你洗澡可以洗大半个小时，起床后的洗漱加上吃早饭也需要花一个多小时。这些时间，你也没有玩，对吗？"

晶晶恍然大悟，摊开手说："对啊，这些时间我没有玩，也没有学习，竟然都被我浪费了！"现在想想，她有一种很不划算的感觉。

"妈妈，您明明知道，怎么不提醒我呢？"

"我提醒过你，不过那个时候你并没有察觉，你说不着急。其实啊，这里耽搁一会儿，那里慢个 10 分钟，这一天的时间就这么过去了。"

听了妈妈的话，晶晶若有所思地点点头，说："妈妈我知道了，以后我都会做好时间规划。"

毫不夸张地说，具备时间管理能力的人，就成功了一半。对孩子来说，时间管理尤其重要。

一、能让孩子提高学习效率

时间是宝贵的,又是公平的,每个人都拥有24个小时,不多也不少。对于孩子来说,时间特别宝贵。孩子的成长只有一次,错过的时间将不再拥有。

课堂上没学会的知识点,孩子必须花费额外的时间才能学懂;选择了学习芭蕾舞,就意味着放弃了对其他兴趣爱好的培养学习。学会了对时间进行规划管理,孩子就能对自己的学习效率有最直观的认知,从而可以有针对性地去改善提高,获得更多时间的支配权。

二、能让孩子告别拖延症

孩子往往不能认识到时间的宝贵,常常到了最后才开始感到慌张。作业不拖到最后一刻不会完成,吃饭时也总拖拖拉拉,快到出门时才想起有学习任务没有完成……

这些常见现象,正是因为缺乏时间管理的概念。就像晶晶一样,经过妈妈提醒也未能察觉自己对时间的浪费。

学会时间管理,会让孩子认识到效率和时间的关系,用严格的时间观念来规范自己的学习和生活,告别拖延症。

三、能让孩子获得成就感

制定时间计划,按时或提前完成生活和学习任务,会让孩子获得精神上的成就感。

通过时间管理,晶晶发现她完成了原本不可能完成的任务,这让她不仅因为达成了看电影的目标而兴奋,还让她发现了新大陆，拥有了前所未有的成就感。

学会规划时间、支配时间，孩子就能成为时间的主人。

既然时间管理如此重要，我们怎样才能教会孩子呢？

第一步：让孩子养成良好的学习习惯

想让孩子对时间进行有效管理，良好的学习习惯是基础。

1. 养成放学回家第一件事是做作业的习惯，不能觉得时间还多，先玩了再做。

2. 按照老师的要求来完成预习作业，及时复习，可以让孩子在课堂上将知识学得更加扎实，获得知识的积累。

3. 在孩子写作业之前，督促她做好所有的准备工作，养成一旦坐下做作业就高度集中注意力的习惯。

4. 针对性地进行时间管理训练。让孩子明白每一项学习任务的完成时间，如果提前完成，可以将剩余时间奖励给她自由支配，让孩子尝到甜头。

5. 培养孩子形成良好的收纳整理习惯，对学习常用的课本、试卷、笔记、作业本、文具等进行逐一分类整理，新的物品按类别放入、无用的物品及时丢弃。只有这样，在需要的时候才能及时找到要用的物品，节省时间。

6. 和孩子一起，共同制定时间计划，督促孩子按计划执行。

第二步：利用时机，让孩子亲身体验时间的重要性

言传不如身教，身教又不如让孩子亲身体验。如果孩子因为缺乏时间观念，而无法完成学校规定的家庭作业，就让她自己承担后果，家长不要去替孩子解决问题。

这样做，既能让孩子认识到时间的宝贵，又能让她明白学习是她自己的事情，不能依赖家长。

晶晶因为想要达成看电影的目标，才在无意识中对自己的时间进行了有效管理。这样的时机，是家长教育的最好时机。

在这个时候，我们不妨耐心一些，不要插手孩子的行动。先观察孩子怎么做，最后再来根据实际情况，对孩子进行经验总结。这个时候所说的话，对孩子将大有启发。

第三步：帮助孩子将时间管理有效地运用到生活中

当孩子具备了基本的时间管理概念后，家长要及时进行引导，进一步加深孩子对时间的理解，将时间分类。

1. 学习时间：专注学习、杜绝分心。在学习开始前，将时间合理分配到每一项学习任务上，明确学习目标。

2. 休息时间：充分休息，才能让孩子精力充沛地面对学习和生活。根据孩子的年纪，确定每天的睡觉时间，按时作息。

3. 娱乐时间：孩子不是学习机器，也应该拥有属于自己的娱乐时间，这段时间由她自行支配安排。适当的放松，有助于减轻学习带来的压力。

4. 生活时间：让孩子自己安排洗漱、理发、吃饭等生活行为所需要的时间，如果浪费了这部分时间，就由她的娱乐时间来弥补。

让孩子明白这四种时间之间的区别，养成在什么时候做什么事的习惯，将时间管理渗透到生活的方方面面。

长期坚持，父母就可以慢慢放手，从父母帮助管理到孩子自行管理，迈出从他律到自律的重要一步。孩子将因为拥有良好的时间管理能力而受益匪浅。